LA VERDAD DEL PROCESO DE PAZ COLOMBIANO

DESCRIPCIÓN

Quizá ningún país de América ha sufrido tanto como Colombia los rigores del terrorismo. La guerrilla de las FARC desde 1964 ha sembrado de dolor todo el territorio patrio, cometiendo crímenes de guerra, crímenes de lesa humanidad y genocidios. Tras más de 50 años de padecer esta implacable lucha armada, el actual presidente Juan Manuel Santos tomó la decisión de hacer un nuevo intento de negociación con los insurgentes. Esta actitud en principio podría ser bien vista. Con todo, lo que no puede aceptarse es que por el afán de firmar un acuerdo de paz, se pacten puntos que erosionan las normas constitucionales. Con esta publicación se pretende no solo informar, sino denunciar al país y al mundo, la violación de los procedimientos jurídicos y la abismal impunidad que se está gestando en las negociaciones de la Habana. Estimo que como colombiano que le duele el país, estaba en la obligación de decir lo que siento. Esa fue la razón de este escrito.

PREFACIO

La política es un síndrome que los seres humanos adquieren desde sus primeros años de vida y los acompaña hasta la muerte. Nadie es ajeno a lo que suceda en su país y menos cuando una decisión que emane de un gobierno puede significar el dolor para las generaciones venideras. Hoy el pueblo enfrenta una difícil coyuntura frente a un proceso de paz plagado de incertidumbres. Colombia en materia de violencia vía grupos armados ilegales es una nación sui géneris. Las FARC son vistas como un grupo opresor y malvado que ha martirizado a la población por más de 50 años. Por esta razón el 90 por ciento de los habitantes los rechaza y piden una condena proporcional a los crímenes cometidos por esta insurgencia armada, en el acuerdo que se llegue a firmar en la Habana.

Las FARC no son una organización terrorista cualquiera, como lo fueron en su momento Sendero Luminoso, en el Perú; los Tupamaros en el Uruguay o las "Brigate Rosse", en Italia. Las FARC es el segundo grupo terrorista del mundo y el primer exportador de cocaína a Estados Unidos, Europa y África. Por lo tanto, manejan un negocio millonario muy atractivo al que no van a renunciar. Es no solo el sustento, sino el medio de enriquecimiento ilícito más llamativo en donde en pocos años pueden amasarse grandes fortunas.

Para los actuales directivos guerrilleros ya seniles, ricos y con prontuario que superan los dos dígitos, les vendría muy bien un acuerdo de paz, máxime con todas las prebendas que vienen recibiendo del presidente Santos. Pero, la tropa, integrada por insurgentes cuasi analfabetas que tienen en la guerrilla su habitad y medio de vida, no van a renunciar fácilmente a un negocio pingüe.

Se estima que en caso de que el proceso de paz se firme y luego se refrende, no más del 40 por ciento de los guerrilleros dejarán las armas. Pero, con la salvedad que pronto ese espacio libre, será cubierto por nuevos combatientes ávidos de poder y riqueza.

Ahora, lo que por ningún motivo debe permitir el pueblo colombiano, es que la justicia colapse ante la ambición de los insurgentes. De darse esta situación, se convertiría en la estocada final para un pueblo sumido no solo en la violencia, sino en una corrupción rampante que se enseñorea y se burla de la raquítica justicia colombiana.

El deterioro notorio de los partidos políticos, la corrupción que desfila por todos los estamentos del Estado, la violencia armada que está fuera de control y un general desencanto con el gobierno, están creando los ingredientes necesarios para que llegue al país un movimiento radical de izquierda.

PREÁMBULO

Al momento de escribir estas notas, me encuentro con una declaración del presidente Santos. Acababa de enviar un mensaje al pueblo colombiano en el que entre otras cosas decía, que si no querían más masacres, había que aprobar el proceso de paz. Esta afirmación llevó a preguntarme:

-¿A caso Santos no está negociando un acuerdo de paz con las FARC?

-¿No son estas declaraciones una muestra de debilidad que solo sirven para envalentonar a los subversivos?

Dije para mi interior:

-¿No es un error estratégico dar motivos al enemigo para hacerlo más fuerte?

Precisamente, lo que Santos debe hacer es todo lo contrario, enviar avisos de convicción, entereza y decisión. La debilidad es mala consejera y, mucho más, cuando lo que se está negociando es la paz de un país metido en un conflicto bélico de más de 50 años, con un grupo cruel, arrogante y prepotente. Santos luce como un presidente débil, ingenuo, preso de una inmarchitable ineptitud y sin arraigo popular, cuando lo que debería demostrar es liderazgo, capacidad y viveza. Ante un perfil tan bajo como el del presidente colombiano, de fijo que la paz que se firme, no va a favorecer los intereses del pueblo colombiano.

Por lo demás, este gobierno no ha logrado ganarse el cariño de los habitantes. La gente lo siente distante y sobre todo, ajeno a las necesidades más sentidas. Se ha caracterizado por la indolencia y el derroche. A este respecto, es lógico pensar que todos los gastos que ha venido generando el proceso de paz y más exactamente, los ocasionados por los negociadores de las FARC en la Habana, saldrán del bolsillo de los ciudadanos colombianos.

De no haber primado el despilfarro, Santos no hubiera sido reelegido. La "mermelada", como bautizó el pueblo a la manera irresponsable de gastar el dinero, fue impresionante durante la campaña a la reelección, y no estuvo exenta de ofrecimientos burocráticos desmedidos a los políticos que le dieron su apoyo. Este sería el caso, por nombrar solo uno, del ex presidente César Gaviria que atacó de manera infame a los rivales de Santos, y quien pidió por sus buenos oficios, el nombramiento de su hijo Simón como Director de Planeación Nacional, aunque claramente, no contaba con la experiencia necesaria. Esta es la forma clásica de manejar la política en Colombia.

El costo de la nómina del gobierno causaría asombro. Nunca antes se contó con tan alto número de burócratas, consejeros y consultores cuyo fin básico es hablarle al oído al presidente. La imagen de Santos es tan pobre que cuando habla sobre temas específicos o toma decisiones, deja la sensación de haber recibido sugerencias de su hermano Enrique o de uno de sus áulicos remunerados. Da la sensación de carecer de idoneidad y dominio sobre los temas que son de su resorte administrativo. Mala cosa para alguien que tiene sobre sus hombros la responsabilidad de mejorar la calidad de vida de una población huérfana de prestaciones sociales efectivas y de mejor estándar de vida.

El afán del presidente de pasar a la historia como el artífice de la paz lo ha obnubilado. Sueña con recibir en Suecia, en una velada salpicada de reflectores, políticos, periodistas y personalidades de la realeza, el premio Nobel de la paz. Este embeleco lo ha llevado a mirar a las FARC con un cristal de benevolencia. Da la impresión de no querer molestarlos. Si de él se tratara, ya les habría dado la amnistía, los medios para hacer política y hasta curules en el Congreso. Por fortuna, el país cuenta con personas que, al igual que el finado ex alcalde capitalino, Palacio Rudas, no tragan entero y han protestado repetidamente por la manera blanda como el gobierno viene manejando el proceso de paz.

Santos no quiere entender que cada día que pasa las FARC se recuperan, se fortalecen, se organizan, mejoran sus finanzas y se renuevan bélicamente. El hecho de que hayan reducido su accionar es un espejismo; continúan la extorsión con mayor fuerza, el reclutamiento forzado y su actividad predilecta: el narcotráfico. Ellos saben que la estrategia del cese al fuego, les favorece. Obligan al ejército a reducir sus operaciones, dejándoles a ellos, mayor capacidad de maniobra y, por lo tanto, les facilita sus actividades ilegales. A nadie se le ocurriría pensar que ahora en el 2016, las FARC están más débiles que en diciembre de 2012, cuando se dio inicio a las negociaciones. El grupo guerrillero es consciente de que su aliado es el tiempo. No tienen ninguna prisa, podrían seguir las conversaciones por toda una década, o indefinidamente, sin que ello los afectará; por el contrario, se fortalecerían aún más.

No se comprende cómo un presidente que tuvo la oportunidad de hacer un buen gobierno, echó todo por la borda. Solo le hubiera bastado seguir las políticas que él mismo ayudó a implementar en el gobierno anterior. Pero prefirió escuchar los cantos de sirena de su hermano Enrique, un pseudocomunista de cuello blanco, venido a menos, quien lo convenció de hacer algo que no estaba en el libreto de Santos, tanto que ni si quiera lo prometió en su campaña electoral, negociar con las FARC. Fue más el resultado de un golpe visceral que de algo pensado cuidadosamente. En el ajedrez competitivo se diría que Santos hizo una jugada nerviosa, las cuales casi siempre salen mal.

La dicotomía de paz, o 50 años más de guerra, es una manera simplista de ver el conflicto. Con este dilema se busca amedrentar a la población y presionarla para que vote a favor de las negociaciones de la Habana.

Es evidente que los colombianos en general quieren la paz. Eso no está en discusión. En lo que existen grandes diferencias es en la manera de llegar a ella. Un pacto por la paz mal negociado, va a traer más guerra y mayor miseria al país. Napoleón decía: "la guerra no se elude, sino que se difiere con mayor desventaja". No es capitulando ante la insurgencia como se pacificará el país. La única forma de acabar un conflicto armado como el que vive Colombia es con el rendimiento de la insurgencia, en donde la dignidad de la justicia prevalezca y la imagen de las fuerzas armadas resulte fortalecida. De no ser así, una buena parte de las nuevas generaciones verán en la subversión un proyecto atractivo de vida, y el desprecio por la justicia será el caldo de cultivo para la formación de nuevas formas de violencia. Los espacios que eventualmente dejarán las FARC en caso de desmovilizarse, se llenarán sin remedio, y mucho más, cuando el hacerlo, se traducirá en enriquecimiento y poder. Es irremediable pensar:

-¿Será que el presidente Santos creerá honestamente que con la firma de este acuerdo de paz se acabará el fenómeno guerrillero y de paso el narcotráfico?

No hay que llamarse a engaños. Los miembros de las FARC no firmarán documento alguno, sin antes dejar a buen recaudo el negocio de estupefacientes. Ya deben estar estudiando hojas de vida, a manera de concurso de méritos, entre sus parientes y allegados, para asignar a quienes tendrán la misión de continuar con la comercialización de la coca. Sin dejar a un lado el sembradío-mientras el gobierno con el empleo manual del glifosato erradica una hectárea, las FARC han sembrado otra-y la adquisición de armas para seguir su política de extorsión y amedrentamiento. Esto lo harán con quienes seguirán su labor delictiva en caso de que ellos se decidieran a pasar un veraneo en una zona de concentración.

Lo que Santos y los negociadores de la Habana no han entendido es que el pueblo colombiano detesta a las FARC. Quienes han padecido o son testigos de las atrocidades de este grupo subversivo, guardan vivo un claro resentimiento contra los efectivos armados ilegales. Ante estas ideas surge la pregunta:

-¿Qué ha dado al pueblo la guerrilla de las FARC?

Muchas cosas: reclutamientos, secuestros, extorsiones, asonadas, entre muchas otras maldades.

La gente más humilde del país por la que las FARC dicen luchar, solo han recibido dolor, voladuras de torres de energía, colapso de puentes, explotación de vías, paros armados y, de regalo, minas quiebra patas.

-¿Cómo pensar que un colombiano vote gustoso por un sí quiero la paz, frente a unos victimarios que los han maltratado durante lustros y de contera, ni siquiera van a recibir penas proporcionales a sus crímenes? Claro que la mermelada puede hacer milagros y, una vez que comience a funcionar, se podrían crear los ambientes propicios para ganar cualquier Plebiscito.

Sin duda la sombra de la impunidad es el peor peligro del proceso de paz. Del manejo que se dé a este flagelo dependerá la reconciliación de Colombia y el futuro de las nuevas generaciones. No es aceptable bajo ningún punto de vista, que un minúsculo grupo de bandidos, por negarse a pagar unos años de prisión carcelaria, contaminen una posibilidad de paz para 48 millones de colombianos.

Mientras se discute un endeble proceso de paz, el país sigue en un claro declive; el aspecto ambiental es crítico, vías destruidas, ríos y quebradas desaparecidas o contaminadas. Y el país cubierto con el impúdico manto de la corrupción que ha hecho presencia en todos los estamentos del Estado. No hay una sola entidad, de los tres poderes que componen la organización administrativa de la nación, que no tenga señalamientos por corruptela. La razón de este desorden generalizado es en buena parte, la carencia de una cabeza que dirija con eficacia el país. Santos dejó de hacerlo hace varios años y más aún, cuando se dedicó exclusivamente al proceso de paz. Esta figura lo engolosinó y llevó a convertirlo en un presidente autista. La situación es tan compleja que la mejor decisión del presidente Santos sería dar un paso al costado. Nadie niega la importancia alcanzar la paz en Colombia, pero esto no puede darse a través de un acuerdo defectuoso, endeble y matizado con el telón de fondo de la impunidad.

CONTENIDO

CAPITULO I

LA VIOLENCIA DEL PAÍS

Si todas las cosas tienen un límite, en el caso de la violencia en Colombia este enfoque no es aplicable. Desde la muerte de Jorge Eliécer Gaitán ocurrida el 9 de abril de 1948, la violencia se apoderó de la nación y no ha dejado de crecer año tras año. Los grupos de guerrilleros y maleantes se siguen multiplicando sin descanso. En este contexto, surgió el grupo de forajidos de las FARC. Es posible que en sus inicios haya primado el altruismo social y que los integrantes de esta organización delictiva, estuvieran motivados por lograr condiciones socio-políticas igualitarias. Y, además, libres de la injusticia y la opresión que crean los círculos sociales poderosos que con el correr del tiempo se apoderan de la gobernabilidad de los países. Pero, si de verdad hubo brotes filantrópicos en sus comienzos, eso duró muy poco. Pronto, el movimiento delictivo se desfiguró, iniciaron una lucha a muerte contra todo aquello que, en su parecer, eran sus enemigos. Hasta un humilde policía salido de las entrañas del pueblo, por el solo hecho de portar un uniforme, debía ser ajusticiado. Así mismo, quienes mostraran sus simpatías por un determinado partido político eran merecedores del castigo capital.

Se dio comienzo así a la peor violencia que se recuerde en América. El grupo de forajidos tomó como un hobby matar a compatriotas de la manera más cruel. Instauraron el famoso "corte franela" que consistía en degollar a sus víctimas, y se ufanaban de ello. En sus comienzos, a partir de 1.964, las FARC vivieron de donaciones de grupos comunistas europeos y de burócratas millonarios excéntricos, de todos los lugares de la Tierra. Sin embargo, a partir de la década del 90 todo cambió. Los partidos socialistas europeos colapsaron y las ideas socialdemócratas fueron tomando un lugar destacado. Este nuevo panorama fue llevando a las FARC al extremo de convertirse en lo que es hoy, un grupo terrorista en todo su esplendor. Así son reconocidas en Europa y en varios países de América, salvo en aquellos cuyos dirigentes por interés o convicción, siguen arropados con las ideas alucinantes del chavismo.

La topografía colombiana, llena de cordilleras, selvas y ríos a montón, facilitó el crecimiento de este grupo de facinerosos cuyo propósito no era otro que matar. Si hablaban de consignas políticas, no las entendían, ni mucho menos las deglutían. Se trataba de analfabetas armados, dispuestos a hacer política a su manera y ajusticiar a quienes no compartieran sus creencias.

La violencia ha llegado a ser de tal magnitud que aunque decenas de personas influyentes han presentado sus apreciaciones, acompañadas de sugerencias creativas, nada ha cambiado. Todo cae en el vacío. Y la situación no solo, no se ha reducido, sino que, por el contrario, sigue en aumento.

A raíz de la violencia que engendraron las FARC, el colombiano se convirtió en un ser peculiar. Aunque sus rasgos pueden ser similares a los de los habitantes de cualquier país latino, guarda una característica peculiar, fruto de las tragedias políticas y sociales que ha vivido duran medio siglo: es de naturaleza violenta. Basta observar, que solo en Bogotá, se presentan más de 3.000 riñas un fin de semana, pero, si coincide con un día de pago, el monto puede pasar de los 5.000 refriegas. La tragedia se centra en que la violencia se hizo crónica y precisará de varias generaciones erradicarla. El colombiano lleva en su ser el karma de la violencia; sus neuronas ya se encuentran empapadas con este flagelo y no va a ser una terapia cosmética de consultorio lo que va a poner fin a esta patética condición.

La violencia va asociada a otras taras no menos crueles. Una de ellas es la inseguridad. El ciudadano que recorre las calles ya sea en calidad de peatón que de taxista, o conductor particular, va de manera consciente o inconsciente, pensando en la eventualidad de ser atracado, sufrir una agresión, ser sujeto de un secuestro, enfrentar una extorsión o padecer vandalismo. Este es el cuadro mental que vive el ciudadano medio en una ciudad como Bogotá.

CAPITULO II
LOS NEGOCIADORES DE LAS FARC

Es claro, que los negociadores de la guerrilla son personas que ya pasaron los mejores años de su existencia. Algunos están cerca, o ya entraron, en la tercera edad. No ven con agrado el monte y añoran la vida muelle, de la cual ya han hecho gala en la Habana. Es difícil pensar en un hombre como Iván Márquez, de 61 años, metido de nuevo en el monte dispuesto a matar a miembros de la fuerza pública. Esos tiempos ya pasaron. Es mejor disfrutar del dinero que sin duda debe tener en diferentes sitios del globo y, de seguro, a nombre de testaferros o de sus tres hijos. Hay bancos en distintos países del mundo que se comportan como pequeños paraísos fiscales y guardan el secreto de clientes poderosos. Este es uno de los mejores negocios del mundo de hoy, guardar, proteger y administrar dinero en grandes sumas. A pesar del cerco que tratan de aplicar las autoridades, los evasores tienen más imaginación que los burócratas y terminan colocando a buen recaudo, los dineros fruto del comercio de la coca.

Los más interesados en un acuerdo de la paz son los negociadores de la guerrilla. El único obstáculo pudo haber sido Timochenko, quien sigue siendo el primer comandante de las FARC y quien 5 años atrás seguía con sus devaneos guerreristas. Pero, este sujeto, también está cansado y pasado de moda. Es consciente de que la lucha armada contra el Estado no llega a ninguna parte. Y pudo entender que es más rentable vender droga para enriquecerse tanto él como sus lugartenientes. Pero, imaginar, así sea fugazmente, llegar al poder a través del terrorismo que practican sin discreción, es una quimera. Pero aunque en apariencia cada día están más lejos las FARC de su delirante sueño inicial de querer instaurar el comunismo en Colombia, existe un potencial riesgo para la democracia colombiana con el acceso de las FARC al ordenamiento jurídico de la nación.

En algo en que los colombianos no han pensado es en que con la entrada de las FARC al ordenamiento constitucional de la nación y una vez convertidas en movimiento político, gozarán de muchas ventajas dadas las ingentes sumas de dinero de que pueden disponer. Hay que recordar, además, que al menos el 10 por ciento de los municipios del país son controlados en estos momentos por la FARC. El socialismo del siglo XXI creado por el finado presidente Chávez no ha muerto. Se sabe que las FARC tienen gran afinidad con este movimiento, personajes como Piedad Córdoba, Gustavo Petro e Iván Cepeda darían con gusto un viraje para integrarse al futuro partido político de la guerrilla.

Tampoco puede olvidarse que los jefes de las FARC tienen una veintena de hijos en Europa, Canadá, Venezuela, Cuba y México, algunos de ellos dueños de ideas radicales de izquierda. De los tres hijos de Iván Márquez, Diana vive en Suiza; Óscar Iván en México y Yudi Andrea en Venezuela. Si bien a sus padres no les resultará muy atractivo meterse de lleno en una extenuante campaña política, cuando entren de lleno a la vida institucional el país, cosa muy diferente pueden pensar los hijos de estos forajidos. Los herederos tendrían a su favor varias circunstancias, entre ellas, la decadencia evidente de los partidos políticos tradicionales. Ya ni el liberalismo ni su antagonista, el conservatismo, cuentan con el respaldo popular de antaño. Basta observar que un personaje tan siniestro y de tan ingrata recordación como Horacio Serpa funge como director del partido liberal. Es notorio el deseo de la gente por encontrar un movimiento que llene sus expectativas de cambio; la decepción de los ciudadanos con la dirigencia actual es total. El desprestigio de la clase política es patético, se han ahogado en su propia corrupción y en su indiferencia con las necesidades del pueblo. Hoy por hoy, no hay un solo líder que aglutine al electorado y, lo que es peor, no se vislumbra ninguno en el horizonte. Por fortuna los gobiernos de Pastrana y Uribe llevaron al país hacia la derecha, de lo contrario ya la izquierda recalcitrante se hubiera tomado el poder. Pero el peligro crecerá en la medida en que los bandidos que han martirizado al país por décadas, hagan su entrada triunfal a la adolorida democracia colombiana para tomársela de un zarpazo.

Chávez en Venezuela llegó al poder gracias a un escenario socio-político muy superior al que se está comenzando a gestar en Colombia. El país está abonado para que una persona carismática y demagoga llene el vacío existente y se adueñe del descontento popular. Los reductos del chavismo en vastas regiones patrias no se pueden subestimar, solo falta un líder joven que, apoyado en una abultada chequera, mande mensajes atrayentes a los oídos del pueblo. No es exagerado pensar que el papel que está jugando el presidente Santos es el mismo al que en su momento realizó el presidente venezolano Rafael Caldera, quien afectado por una gran ingenuidad y falta de visión política, indultó a Hugo Chávez Frías.

X X X

Pero, por el momento, lo que en verdad importa a Timochenko y a sus secuaces, es lograr un buen acuerdo. Aunque a diferencia de Santos, los negociadores guerrilleros no envían señales de debilidad. Por el contrario, lucen integrados y concluyentes. Si nos atenemos a las declaraciones que regularmente hacen, y a lo que se ha pactado en la Habana, se ve claramente, que están ganando el encuentro. De contera, han mejorado su imagen internacional y, de fijo, sus finanzas están boyantes. Las 159.000 hectáreas sembradas de coca que reconoce el gobierno, es una excelente noticia para el negocio de los forajidos. Ahora, la batalla está concentrada en coronar por todos los medios posibles, el máximo de envíos de droga a los Estados Unidos a través de Venezuela, Panamá y Cuba en el mar caribe. Y, por el pacífico, al África y a Europa a través de lanchas rápidas.

Pese, a lo que podría esperarse, durante las negociaciones en la Habana se han presentado más de medio millón de víctimas del conflicto armado. Además, el proceso de paz ha permitido que miles de individuos proclives al delito, se vinculen a organizaciones criminales. Las FARC son vistas en este mundo de la delincuencia, como reales héroes, que han podido doblegar al gobierno y poner en jaque a las instituciones. Ante estas circunstancias no es difícil inferir que ya, en variadas regiones del territorio colombiano, hay un alto número de individuos deseosos de izar las banderas de este movimiento delictivo, tan pronto se firme el acuerdo final de paz.

Se estima que las FARC cuentan con reductos en 24 de los 32 departamentos del país, aunque la mayor influencia la ejercen en Putumayo, Tolima, Nariño, Cauca y Valle del Cauca. Además, tienen campamentos en países fronterizos con Colombia, entre ellos, Venezuela, Ecuador, Panamá y Brasil. Esta guerrilla contaba con 21.000 efectivos al inicio del gobierno de Uribe y a su salida del poder no pasaban de 8.000. No es aventurado pensar que de haberse continuado la lucha frontal contra las FARC, estas ya hubieran desaparecido. Sin duda, el presente proceso de paz ha sido un oasis para los subversivos, quienes encontraron un regalo inesperado en el camino a su extinción.

Las finanzas de las FARC-que Santos dice desconocer-vienen en un 78 por ciento de recursos del narcotráfico-lo cual les representa un monto de más de 1.000 millones de dólares al año, solo por venta de droga. También, por concepto de la extorsión, reciben cerca de 200 millones de dólares anuales. Además, cuentan con dos fuentes adicionales de ingresos, el robo de ganado y la minería ilegal. Esta última actividad, ha llegado a ser un grave problema para el medio ambiente. El ecosistema, por motivo de los agresivos químicos que se utilizan, ha sufrido la contaminación de ríos y quebradas, así como la destrucción de la flora y la fauna. La explotación del oro en especial, dado su alto precio en el mercado, es una fuente importante de ingresos para las FARC.

Sin embargo, en estudios elaborados por organismos internacionales, unos les dan a las FARC 1.000 millones y otros solo 600 millones de dólares al año. Sorprende que el presidente Santos no esté al tanto de estudios que adelantan dependencias del propio Ministerio de Hacienda sobre este tipo financiaciones ilegales. Inclusive, la Fiscalía posee información concreta sobre inversiones de este grupo guerrillero no solo en Colombia, sino en varios países centroamericanos.

CAPÍTULO III
CAMBIOS EN LA LEY DE ORDEN PÚBLICO

Este es un aspecto importante para el destino de la paz en Colombia. La ley de orden público establecía que la fuerza pública debería hacer presencia en las zonas en donde se concentraran los grupos armados al margen de la ley. Esta condición al desaparecer, dejó en manos del presidente la decisión de ubicar al ejército, la marina y la policía según su entender. Lo que se busca con la nueva condición es que los guerrilleros puedan movilizarse libremente en las zonas de concentración una vez firmado el acuerdo de paz. Surgen aquí varias inquietudes:

Al no existir un control de la fuerza pública al interior de estas zonas, se convertirán en pequeñas fracciones independientes. Pasados unos pocos días, las FARC seguirán delinquiendo, buscarán armarse y organizarse para dar lustre a la fama que los identifica como lo que son realmente, un grupo delictivo de alta peligrosidad. No es posible que personas que llevan décadas manejando negocios tan prósperos, decidan olvidarse de ellos de un plumazo. Esto no pasará. El síndrome de la ilegalidad ya hace parte integral del grupo de guerrilleros como un todo, y no podrán renunciar a él mientras vivan. Los insurgentes concentrados en áreas especiales, ajenos al control de la policía y el ejército, se moverán libremente. Esto les permitirá coordinar con reductos que se encuentren libres, las acciones tendientes a seguir con el narcotráfico, la minería ilegal, el robo de ganado, la extorsión y todas las diferentes clases de delincuencias que aplican y en las cuales son diestros.

Si realmente se quiere alcanzar la paz, y sostenerla a largo plazo, es necesaria una reorganización de las fuerzas armadas. Colombia ha venido funcionando con los cuerpos de la policía y el ejército en el control de orden público. Esto ha generado una dicotomía de lucha que da lugar a la presencia de zonas grises en donde no se sabe quién debe actuar, o aún peor, existe el peligro de redundancia al momento de enfrentar un hecho de carácter delictivo. El país está ad portas de crear unas fuerzas del orden cuyo único fin sea el control de los acuerdos de paz que tarde o temprano deben darse en el país, pero ojalá basados en la Constitución y las leyes. Sus integrantes saldrían de los grupos élites tanto del ejército como de la policía, y serían capacitados apropiadamente en el tema de la preservación de la paz en las distintas regiones que hacen parte de la geografía patria.

Las zonas desmilitarizadas de las cuales las FARC pidieron 60 en un comienzo, se irán convirtiendo en pequeños centros delictivos, de donde saldrán las directrices para continuar con el oficio que ellos saben hacer: delinquir. Por esta razón, no puede permitirse un libre accionar de los subversivos en estas áreas. Debe existir un control efectivo del Estado a todo lo que entra y sale de estos sitios, con allanamientos puntuales esporádicos, cuando se sospeche que están infringiendo en una u otra forma, los acuerdos firmados con el gobierno.

Pero hay aún más inquietudes:

-¿Cómo funcionará la ley dentro de estas zonas, al no existir la presencia real del Estado?

La figura de los organismos de control dentro de ellas contemplada por el Congreso es tímida e intrascendente. Por lo tanto, terminarán siendo absorbidos sin remedio por los insurgentes.

-¿De qué manera se prestarán los servicios como salud y educación?

También aquí las FARC esperan que las zonas de concentración o territorios de paz, como las llaman ellos, ofrezcan servicios sociales. Sin embargo, es lógico pensar que en materia educativa desearán tener un papel protagónico.

-¿Ha pensado el gobierno en que más de un 30 por ciento de los subversivos son analfabetas? Y, además, que su estado mental esta perturbado, lo cual los hace inviables para vivir en una sociedad abierta como la colombiana?

Los expertos estiman que los traumas dejados por la guerra solo cesarán con la muerte de la persona que los sufre. Las disfunciones psíquicas del grupo de guerrilleros, hace más necesaria la capacitación de estos en diversos tipos de artes que les permitan trabajar una vez abandonen las zonas de concentración.

Si lo que se busca es que los guerrilleros se rehabiliten, habría que organizar programas de sanidad mental y convivencia. Esta es quizá la última oportunidad que tendrá el Estado, si desea que los forajidos se reinserten a la sociedad. Tarea nada fácil de llevar a cabo y más cuando los resultados son decididamente inciertos.

Otro punto de la nueva ley de orden público es la elaboración de la lista que acreditará la calidad de miembro de las FARC a cada uno de los integrantes del grupo al margen de la ley. La lista será suscrita por los voceros representantes de los insurgentes. Sin duda, este voto de confianza que se da a las FARC, dará lugar a todo tipo de abusos, infiltraciones y desmanes. De seguro, se incluirán una buena porción de fantasmas, entre ellos, muchos individuos perseguidos por la ley a quienes les caerá muy bien un sitio para escampar mientras pasa el chaparrón. No será extraño que los cerca de 7.000 hombres que hoy hacen parte de las FARC, se multipliquen milagrosamente y se dé lugar a un número sorprendente. Al fin y al cabo, mientras más alta sea la cantidad de subversivos, mayor imagen de fuerza emitirán las FARC al pueblo colombiano y al mundo

CAPÍTULO IV
ALGUNOS PUNTOS DE LA
NEGOCIACIÓN

Algo preocupante en el desarrollo del proceso de paz son los pendientes que han ido quedando a medida que se avanza en la agenda. Este sería el caso de la política de desarrollo agrario integral que habla de los territorios campesinos que implicará una reforma integral. En cuanto a la participación política de las FARC hay argumentos que chocan al leerlos:

-¿Es justificado que el Estado financie a los integrantes de las FARC para que hagan política?

La financiación de los partidos políticos y los aportes que hace el Estado a ellos, es una actividad nebulosa que amerita mayor claridad por parte del sistema electoral colombiano. De fijo la corrupción también está incrustada en todo lo que tiene que ver con el manejo electoral del país. Con todo, es de suponer que cuando las FARC hagan su entrada a la legalidad, al término del proceso de paz, y obtengan la personería jurídica, el movimiento que crearán tendrá las mismas características y garantías de cualquier otro grupo de ciudadanos que decidan crear un partido político, ni más ni menos. Pero, al ofrecer a la insurgencia un tratamiento especial, previo al recibo de su personería jurídica, se crearía una figura de desequilibrio que viciaría el sistema político electoral. Lo que puede vislumbrarse es que con la entrada de un actor millonario al escenario político como lo son las FARC, apoyado por un chavismo radical, surgirá una figura desestabilizante en relación con los otros partidos políticos que dispondrán de menores recursos para hacer proselitismo. Este escenario podría llegar a convertirse en un real peligro para lo que queda de democracia en Colombia.

X X X

Lo que no se dice en forma expresa, pero ya está tácitamente acordado, es que este grupo subversivo no tendrá que pagar ninguna pena carcelaria. Con esta concesión se está colocando la primera piedra para la construcción del monumento a la impunidad que ya se vislumbra en el horizonte del proceso de paz. Esta será una espinita que se clavará en el corazón del pueblo colombiano y podrá ser la razón del rechazo a cualquier iniciativa de propuesta de paz que presente Santos para su refrendación. Vale traer a colación el hecho de que en el Estatuto de Roma se contempla la prohibición a tener vida jurídica para cualquier persona que haya sido declarada culpable por delitos de lesa humanidad. Un alto número del grupo insurgente de las FARC ya tiene condenas en este sentido. Darles una amnistía sin haber cumplido una pena equiparable a la reclusión en una cárcel, sería arrodillar la constitucionalidad del Estado y permitir que los delitos de los insurgentes queden impunes.

X X X

El fin del conflicto que contempla la dejación de armas y una profunda reestructuración del ejército, encierra también temas álgidos, entre ellos, el desarme. Las FARC son renuentes a hacer entrega de las armas. La experiencia dice que la posibilidad de que sean exterminados por fuerzas adversas no es un pretexto infundado. Cada quien es dueño de su propio miedo y mucho más cuando existen pruebas de lo que puede pasar en Colombia cuando se presentan casos como este. No hay manera alguna de garantizar al grupo narcotraficante de las FARC que no serán objeto de atentados. Todo lo que se diga y se haga para evitarlo, será insuficiente para superar el síndrome del ataque intempestivo. Este hecho tozudo es lo que dará paso a la decisión de las FARC de no desarmarse. Entregarán las armas en un acto colmado de público y cubierto con el manto persuasivo de la terminación del conflicto, pero antes habrán establecido el medio para disponer, de ser el caso, de otros tipos de armas, si se quiere más moderna y sofisticada.

X X X

La solución al problema de las drogas ilícitas está plagada de incógnitas. Las FARC proponen la erradicación manual. Este medio no solo es engorroso sino colmado de peligros. Cuando se ha intentado, ha dado lugar a ataques sorpresivos de grupos armados y al accionar de eventuales francotiradores contra quienes realizan esta labor. Es frecuente la existencia de minas quiebra patas que complican la labor. Además, la erradicación de esta manera, lleva un buen tiempo y da margen para que, quienes están interesados en los sembradíos, lo hagan en otras zonas. Es decir, este método no dejará de ser una medida cosmética que no logrará cambios de fondo. Todo lo que se hable aquí no pasará de ser un ejercicio mental muy creativo, pero por completo insustancial. ¿Cómo van a renunciar los negociadores de las FARC a su exclusiva fuente de sustento? El grupo insurgente podrá hacer múltiples tipos de concesiones, pero renunciar al narcotráfico, jamás. Es claro que este negocio que hoy manejan con total solvencia, no va a esfumarse de sus medios de vida. Lo conducirán allegados y testaferros, pero no dejará de ser su principal medio de subsistencia.

X X X

La fijación de quienes son víctimas del conflicto armado, representa todo un desafío para el proceso de paz. Cuando se habla de números cercano a los 7 millones de personas, es evidente que se trata de una cirugía mayor que requerirá de un diseño especial para que las ayudas lleguen a quienes realmente lo merecen y necesitan. Es inevitable que muchas personas que no hayan tenido nada que ver con el conflicto armado aprovechen la situación, pero esto es inevitable y de cierta manera, justo con una parte de la población que no ha soportado vejámenes directos por parte de la insurgencia, pero sí ha recibido los coletazos de una guerra cruel, injusta y demencial. Así y todo, lo que de verdad sorprende es que las FARC se declaren víctimas de un conflicto que fue creado y fomentado por ellos. No pueden considerarse víctimas unas personas que han llevado dolor y tristeza contra la gente humilde del país, que han destruido la naturaleza y se han enriquecido a costa de la sangre de civiles y militares. El tratamiento a las víctimas estará matizado por la que será la Comisión de la Verdad. Es de esperar que quienes integren este organismo sean ciudadanos probos, ajenos a componendas y deseosos de hacer justicia en una línea especialmente sensible para el país.

X X X

Ya, en cuanto a los mecanismos de refrendación, aparecen dos opciones claras, una la propuesta de Santos basada en la implementación de un Plebiscito y, la otra, la alternativa de una Asamblea Constituyente en la que las FARC inicialmente insistieron con vehemencia. Este es un tema interesante en donde saldrán a relucir las ventajas y desventajas de cada una de las posibilidades. La insistencia del grupo negociador del gobierno en el Plebiscito, parte de varias razones válidas, aunque la más obvia es la extensión casi indefinida en el tiempo que significaría una Asamblea Constituyente plagada de imprevistos. Por su parte, los argumentos del grupo subversivo son fuertes, en el sentido de que es un medio propicio para un tratamiento integral del problema de la violencia, y de los delitos conexos con este grave fenómeno socio-político que ha quebrantado la institución del país. La decisión que tome la Corte Constitucional dará luz verde a esta dicotomía.

CAPÍTULO V
LOS CULTIVOS DE COCA

Quizá pensando en favorecer la reelección de Juan Manuel Santos quien enfrentaba una dura contienda contra Óscar Zuloaga, candidato de Álvaro Uribe y justo cuando en el país se hablaba de que el narcotráfico pudo haber financiado la campaña presidencial de Santos en 2010, las FARC aprovecharon las conversaciones sobre drogas ilícitas sostenidas en la Habana, y por boca de Iván Márquez, hizo una declaración en ese entonces en la que renunciaban al narcotráfico. Esta no fue una sorpresa para nadie, pero sí pudo haber generado un golpe mediático que favoreció la campaña del hoy presidente.

Aunque esa posición del Comandante de las FARC respecto al narcotráfico dejaba entrever en el fondo el desencanto que ha ido invadiendo las huestes guerrilleras respecto a la lucha armada. A este respecto viene al caso citar una frase de Frank

Hoffman, investigador del Departamento de Defensa de los Estados Unidos:

-"Las doctrinas militares convencionales del siglo XX dirigidas contra Estados nación y ejércitos tradicionales están efectivamente muertas".

Esta expresión de una persona que conoce a fondo los conflictos presentes y pasados de múltiples países, deja ver cómo los guerrilleros al estilo de los surgidos en el siglo XX están llamados a desaparecer.

Infortunadamente, Colombia dada su ubicación de vecindad con grandes mercados y su acceso a dos océanos, ofrece especiales ventajas a la delincuencia interesada en el tráfico de drogas. Así mismo, cuenta con climas y suelos propicios, junto con una mano de obra barata y emprendedora. Estas condiciones crean un caldo de cultivo para el desarrollo de uno de los mejores negocios del mundo moderno.

A diferencia de países como Bolivia y Perú, la coca en Colombia se cultiva en grandes plantaciones cuyos dueños se encuentran ausentes. Los pequeños propietarios de tierra son personas desplazadas, desempleados de las ciudades y trabajadores sin tierra que han encontrado en el cultivo de coca su último recurso de sustento. Las grandes plantaciones de esta planta van de 20 a 70 hectáreas de superficie y emplean para el manejo de las tareas mano de obra calificada, apoyada en tecnología de vanguardia. Los minifundios por su parte, están a cargo de familias, las cuales reciben apoyo de migrantes en la época de la cosecha.

Colombia, en los actuales momentos, ha llegado a convertirse en el mayor productor de coca del planeta con un número de 450 toneladas al año. Esta cifra representa el 90 por ciento de la producción total. Basta solo observar, que tres años atrás, la producción se situaba en 300 toneladas equivalentes al 66 por ciento de la producción mundial. El sembradío, el cultivo y el comercio de la droga, ocupan alrededor de 300.000 personas y genera ingresos de más de 2.000 millones de dólares al año. El dinero que se obtiene de la comercialización se emplea, en gran parte, en la compra de armas, financiamiento de campañas políticas, y en el enriquecimiento de grupos poderosos de la sociedad.

Contra todo lo que podría pensarse, el dinero del narcotráfico es poco lo que ayuda a la economía colombiana y da la impresión de que, mientras más ventas genera el negocio de la coca, más pobreza surge en el país. Parece una especie de maldición bíblica contra el dinero producto del perverso comercio de este estupefaciente. Estimativos de diversas fuentes, sostienen que los narcotraficantes cuentan con más de 10.000 millones de dólares en el exterior y que, en buena medida, ese dinero hizo parte de la economía del país en su momento y contribuyó a un 2 por ciento del Producto Interno Bruto.

La guerra contra el narcotráfico-que sumió a la nación en el terror-recibió en 1.989 el apoyo de Estados Unidos. Esta decidida vinculación permitió desarticular en 1.993 el Cartel de Medellín con la muerte de Pablo Escobar. Por su parte, el Cartel de Cali, temeroso de desaparecer y de que sus jefes fueran encarcelados y extraditados como en efecto sucedió, buscaron en 1.994 apoyo político para defenderse. Esta coyuntura llevó a que Alberto y Miguel Rodríguez Orejuela, cabecillas de este Cartel, financiaran a sus espaldas, la campaña política de Ernesto Samper, quien meses más tarde sería elegido presidente. No sobra destacar que dos de las figuras más activas y representativas durante esta manida campaña electoral que movió millones de dólares procedentes del narcotráfico, fueron Horacio Sepa y Juan Fernando Cristo, el primero actual senador e integrante del partido liberal, defensor del gobierno de Santos y, el segundo, Ministro del Interior de este gobierno.

Es oportuno destacar que dentro de las FARC hay unos grupos más avanzados que otros, en el sentido que participan en un mayor número de etapas del proceso de narcotráfico. Es decir, pueden ir hasta la propia venta del producto en el exterior. Otros, por el contrario se limitan a cobrar el servicio de seguridad a los cultivos y embarques de la droga, conocido como el "impuesto de gramaje". La función de las FARC es fundamental para que los narcotraficantes logren coronar sus envíos. Sin esta asistencia el tráfico de drogas se volvería inviable o, en el mejor de los casos, se reduciría sensiblemente.

Al estudiar la historia del mercado de la droga no solo en Colombia, sino en los países de América Latina, es impresionante observar la rapidez con la que se llenan los espacios dejados por los grupos que se retiran. De inmediato, los vacíos son ocupados por otros grupos remanentes ávidos de participar en un negocio tan rentable. Esta situación da lugar a ciclos de violencia dentro de la misma hampa. De esta disputa, permanecen al margen las autoridades colombianas. Así y todo, las rencillas, fruto del afán por adquirir áreas estratégicas para la producción y el tráfico de la droga, ha sido otra de las fuentes de violencia, enriquecimiento y poder. Esta figura genera, de acuerdo con escritores conocedores del conflicto colombiano, cerca de 4.000 muertes al año.

Como es lógico suponer, dentro de las FARC se han creado dos tendencias. Una, que se niega a desaparecer, renunciando a tan pingüe negocio, integrada por jóvenes ávidos de dinero, y la otra la que está en la Habana y no le interesa continuar una lucha estéril. Estos últimos ya se han enriquecido con solvencia, y están viejos y desgastados; por lo tanto, no tienen ningún interés en seguir participando en veleidades guerreristas que no tienen ningún futuro. Este estado de cosas no es de poca monta, y da lugar a un tire y afloje entre los dos grupos. El corolario de esta silente lucha que se vive en las FARC se sabrá en caso de llegarse a firmar el acuerdo de paz. La incertidumbre se centra en los cuadros que seguirán con sus embelecos guerreristas.

La vinculación de Óscar Montero, alias "El Paisa" en el mes de abril de 2016, al grupo negociador de las FARC en la Habana, creó varias inquietudes. Este personaje se inició como traficante de armas y droga con Pablo Escobar dentro del Cartel de Medellín; al ser detenido se conectó en la cárcel con miembros de la FARC, por lo cual, tras pagar la pena, partió para continuar su carrera criminal a las agrestes cordilleras de Colombia, ya dentro el grupo de forajidos. Su vocación terrorista lo llevó a convertirse en jefe de una de las columnas más sanguinarias de las FARC, la "Teófilo Forero". Dentro de los trofeos de este individuo sobresale el ataque cobarde y certero contra el Club El Nogal en Bogotá, el 7 de febrero de 2003, en el que murieron 36 personas y más de 200 resultaron heridas.

Cuando se conocieron los últimos datos relacionados con el número de hectáreas de coca que a finales del 2015 engalanaban los Andes nacionales, el país se estremeció, los más optimistas hablaban de 160.000 y, los pesimistas, entre ellos el Procurador, de 200.000 o más. Esto explica el porqué del delirante volumen de producción de drogas en Colombia.

Los informes indican que los cultivos crecieron principalmente en los parques nacionales y resguardos indígenas, en donde la fumigación está prohibida. Esta realidad crea una serie de inquietudes de difícil solución. La aspersión con glifosato presenta varios inconvenientes; es costosa y su rendimiento es de solo un 60 por ciento. Por esta razón, se debe fumigar el mismo lugar durante varias veces. Pero el peor problema es su toxicidad. Muchos pobladores han sido afectados seriamente, se dice de familias de Nariño y Putumayo en donde muchas madres en estado de embarazo, tras recibir brisas de la aspersión, dieron a luz criaturas con dificultades respiratorias o con deformidades.

Ante este panorama, la fumigación con glifosato aplicado de manera aérea o terrestre, debe ser proscrita. El gobierno no debe pensar en emplear este herbicida en ninguna de sus formas. Lo único que puede hacerse es acudir a la erradicación manual de los sembradíos de coca. Es un método peligroso, por los atentados que sufren quienes los realizaran. Incluso permite arrancar cultivos debajo de los árboles a donde el glifosato no puede llegar. Pero no será suficiente. A medida que se destruya una hectárea de coca, las FARC habrán sembrado al menos otra más. Surgiría así la presencia de un círculo vicioso sin fin. Pero es claro que algo hay que hacer. El gobierno no puede sentarse a llorar a la vera del camino. Es notorio que la política de Santos contra el narcotráfico y más exactamente contra los cultivos de coca, ha sido laxa. La burocracia ha invadido el gobierno de este presidente y la ineficiencia es patética. Pero, al menos, debe buscar la forma de evitar que los cultivos sigan creciendo, de lo contrario, se va a llegar a una situación insostenible en donde la propia institucionalidad del país estará comprometida.

X X X

Un problema que de cierta manera colinda con los cultivos de coca son las minas quiebra patas. Las FARC han instalado estas armas en 24 de los 32 departamentos del país. Las minas buscan incapacitar o matar a las personas que las pisen, pero su principal fin es desmoralizar a las tropas y hacer colapsar los servicios médicos del enemigo. En verdad lo que se persigue con estos artefactos, más que matar es mutilar. Los cuidados que deben darse a un herido con estas armas criminales, son además de dispendiosos, caros y extenuantes. Los propios fabricantes de estos artefactos mortales pregonan:

-"Es mejor mutilar al enemigo que matarlo".

Las minas son quizás el elemento más cruel de la demencial guerra que se libra en Colombia. Los efectos más comunes del estallido de uno de estos aparatos son amputaciones, mutilaciones genitales y lesiones musculares severas. Además, son portadoras de fragmentos de proyectiles, tuercas, tornillos, vidrios y materia fecal humana y animal. La idea es evitar la recuperación de la víctima a como dé lugar y causarle el mayor daño.

El tipo de mina quiebra patas que invade a Colombia es la de explosión que revienta cuando la víctima la pisa levemente. De inmediato se produce un estallido que causa la amputación del pie o de la pierna y de paso provoca lesiones graves en la otra extremidad, en los brazos y repetidamente en los genitales.

Unos de los más afectados con estas mortíferas armas son los niños. Dado que las minas pueden estallar con un peso de tan solo 35 kilos, los infantes son presas fáciles. Produce dolor de patria ver cómo estos pequeños campesinos caen en las garras de las despiadadas minas matando así las partes esenciales de su cuerpo. Las lesiones los lleva a vivir postrados en una cama por el resto de sus días, mueren así sus esperanzas, su alegría y su derecho a ser libres.

El gobierno de Santos implementó en julio de 2015, en consecuencia con el proceso de paz, un plan piloto de desminado. Se escogió la localidad de Orejón en el Municipio de Briceño al norte del Departamento de Antioquia. Infortunadamente el primer resultado resultó infructuoso. El soldado Wilson de Jesús Martínez de 37 años de edad al tratar de desactivar una mina dentro del programa de desminado humanitario, fue sorprendido con una explosión que le destrozó sus extremidades inferiores y luego le causó la muerte. Esto es solo un botón de muestra de lo que significa esta peligrosa actividad.

Se estima que en el mundo puede haber alrededor de 100 millones de minas quiebra patas, localizadas en

64 países, aunque la mayor parte está en África. Pueden permanecer activas por más de 50 años después del fin de un conflicto. Cerca de 25.000 personas mueren al año o sufren traumáticas mutilaciones que les generan invalidez permanente fruto de las perversos estallidos.

El horizonte se hace aún más oscuro al saber que no existen mapas que muestren una localización clara, así fuera aproximada, del sitio en donde se esconden estas minas. Es lógico suponer que la guerrilla no lleva un registro del número y mucho menos del sitio exacto en el cual reposan estos artefactos. Por esta razón el desminado se torna en una operación de alta riesgo.

En Colombia, con corte a Marzo de 2016, por causa del conflicto armado se han presentado 8.254 heridos, de los cuales el 67 por ciento fueron militares. También, ha habido 2.254 muertos, de estos el 63 por ciento militares. En las comunidades indígenas hubo un total de 265 heridos y 111 muertos. Los grupos afrodescendientes registraron 31 heridos y 10 muertos.

Lo triste de estas estadísticas es saber que al menos 1.000 niños han sido víctimas de esta guerra, de los cuales 235 perdieron la vida.

El Centro de Investigación y Educación Popular, CINEP, estima en 100.000 el número de minas quiebra patas que pueden estar enterradas en todo el territorio nacional, distribuidas en 24 de los 32 departamentos. Santander, Córdoba y Antioquia son los más afectados.

El costo de uno de estos aparatos es del orden de 2.5 dólares que no es una gran suma, pero la desactivación puede llegar a 1.000 dólares por unidad. Esto quiere decir que se requerirán 100 millones de dólares para neutralizar las minas existentes. Aunque lo más complejo es llevar a cabo la desactivación. Se trata de una labor de alto riesgo que exige el máximo de concentración y cuidado, por lo tanto, precisa de tiempo y paciencia. Es un trabajo de relojería, cuya neutralización llevaría más de 10 años con dedicación exclusiva. Además, dejaría cientos de muertos, en su mayoría militares, hijos precisamente, de esas familias de desplazados que deambulaban por el país en procura de oportunidades de vida.

Pero la gran tragedia son las taras que surgen en el círculo social que es afectado por una de estas minas; las heridas alteran el equilibrio familiar y fracturan el alma, la autoestima se deteriora y, lo más desgarrador, desaparecen los sueños y la nostalgia se apodera de las familias. Es tanto como vivir sin esperanzas y sin rumbo. Viene a la mente la pregunta:

-¿De un país en donde la miseria se ha entronizado en el campo y se cosecha solo la muerte y la desesperanza qué futuro se puede esperar?

X X X

El desplazamiento forzado es otro de los grandes problemas. Informes a comienzo de 2016 sitúan en 6 millones el número de desplazados, algo así como dos veces la población de Uruguay. Los causantes de esta tragedia humanitaria son varios, por una parte la apertura económica y el desarrollo de mercados, dieron lugar a la creación de grandes obras de infraestructura que repetidamente, ocasionaron desplazamientos de agrupaciones étnicas y campesinas. Pero, la parte más fuerte de este fenómeno, se centra en el conflicto interno, los cultivos ilícitos y la instalación indiscriminada de minas quiebra patas.

La población que en calidad de desplazados llegan a ciudades como Bogotá, Medellín, Cali y Barranquilla forman cordones de miseria cuyo sustento lo logran a través de ventas ambulantes y oficios menores que les reportan algo para sobrevivir. El ciudadano del común solo se entera de esta tragedia cuando ve grupos de personas desposeídas paradas en cualquier semáforo, portando humildes carteles que con escuetos monosílabos tratan de expresar el dolor que los embarga.

La zona del pacífico, enfocada en la población indígena y afrodescendiente, es sin duda la que soporta la situación más complicada. Máxime cuando los pueblos indígenas guardan un sentimiento espiritual con sus tierras ancestrales. Esta es la razón por la cual organismos como Amnistía Internacional, AI, pide con razón que prime el derecho de estas comunidades sobre la intención de las compañías mercantilistas de buscar enriquecimiento a costa del vejamen de los habitantes de esta zona del país.

Es claro, que el proceso de paz que se discute en la Habana, carecerá de sentido si los derechos de estas etnias a regresar a sus tierras y explotarlas según sus experiencias, no son reconocidas. Con todo surge una inquietud, tan solo en el Departamento de Sucre, el juez del circuito de Sincelejo falló en favor de una acción en donde tuvo en cuenta los males morales que sufrieron 44.000 víctimas del desplazamiento forzado. El monto, por la carencia de una política integral que evite el fenómeno del desplazamiento forzado, es para este caso de 2,1 billones de pesos. Sin duda una suma alucinante. Basta pensar en lo que sería emplear este mismo rasero para reparar a los 7 millones de víctimas que contabiliza el conflicto.

En el fallo del juez se habla de que entidades como el Departamento de Prosperidad Social, DPS, y Acción Social no fueron diligentes en la entrega de ayudas humanitarias. Aunque el fallo se apeló y pasó a manos del Consejo de Estado, es de imaginar la situación que se daría si es aprobado. Vendría una cascada de demandas que desangraría el erario y de paso, surgiría un manto de desigualdad entre las víctimas. Sin duda será precisa, una normativa completa y estricta que facilite la reparación a las víctimas pero que frene la presencia de la corrupción.

Ahora, quizá el mayor obstáculo que encara la restitución de tierras, son las amenazas de muerte que los líderes comunitarios reciben de las bandas criminales. Este sería el caso de las Águilas Negras que surgieron a mediados de la pasada década tras la desmovilización de las AUC. Estos grupos de maleantes no serán fáciles de doblegar y se precisará de toda la fuerza del Estado para combatirlos. Quiénes ahora ocupan y explotan las tierras ilegalmente, no devolverán los predios fácilmente. Darán una dura batalla y acudirán a todos los medios delictivos para que no se produzca este hecho. Es otro escollo de la cristalización del proceso de paz que exigirá no solo de monumentales sumas de dinero, sino de una voluntad política sin precedentes para superar los desafíos que se avecinan.

CAPÍTULO VI
ESTATUTO DE ROMA DE LA CORTE PENAL INTERNACIONAL

El Estatuto de Roma es el instrumento constitutivo de la Corte Penal Internacional, CPI, cuya misión es juzgar a las personas acusadas de cometer crímenes de genocidio, es decir, crímenes contra la humanidad, o el exterminio sistemático de un grupo social de personas. También crímenes de guerra, esto es, una violación al derecho internacional humanitario, homicidio, tortura, mutilaciones y penas corporales; así mismo, malos tratos a prisioneros de guerra y a civiles. Y, finalmente, los crímenes de lesa humanidad que comprende conductas tipificadas como asesinato, exterminio, deportación o desplazamiento forzoso, tortura, violación, prostitución forzosa, esclavitud sexual, desaparición forzada, secuestro o cualquier acto inhumano que cauce graves sufrimientos o atente contra la salud mental o física de quien lo sufre.

Puede apreciarse, que este último crimen es el que de mayor manera tipifica el conflicto armado colombiano. El CPI también contempla el crimen de agresión que, hasta el momento, para el conflicto interno del país no tiene aplicación.

En una conferencia diplomática de plenipotenciarios de las Naciones Unidas, celebrada en Roma el 17 de julio de 1998, se trató la creación de la CPI, lo cual se dejó plasmado en un acta final.

Más tarde la comunidad internacional logró un hito histórico cuando 120 Estados adoptaron el 17 de julio de 1.998, el Estatuto de Roma, que vino a ser el instrumento constitutivo de CPI que entró en vigor el 1 de julio de 2002. Este organismo no hace parte de la estructura de las Naciones Unidas; se financia a través de los Estados miembros y de aportes voluntarios.

La Asamblea de los Estados Partes, ASP, está compuesta por representantes de los Estados que han ratificado y adherido al Estatuto de Roma, que en la actualidad son 123, y es la encargada de supervisar al CPI. Sin embargo, para efectos de garantizar su imparcialidad política no hace parte de la organización del CPI. La ASP funciona como un brazo legislativo de la Corte que, igualmente, garantiza su funcionamiento.

El CPI solo funciona de manera directa, cuando un país, como eventualmente podría ser Colombia, no juzga o no puede juzgar los hechos de competencia de la Corte. Pero no hay que tener muchas esperanzas. Este organismo desde su fundación en 2002 solo ha investigado 22 casos, todos ellos relacionados con países africanos. Ha decretado 33 órdenes de detención de las cuales solo 2 se han convertido en condenas: una para Thomas Lubanga líder de las milicias de la Unión de Patriotas Congoleños, condenado en julio de 2012 a 14 años de cárcel. El otro es German Katanga líder de otra fracción de milicianos del Congo, condenado en mayo de 2014 a 12 años de prisión por crímenes de asesinato, esclavitud sexual y empleo de niños en la guerra.

Da la sensación de que la CPI se está convirtiendo en un organismo más sin los dientes necesarios para impartir justicia. En buena parte su inoperancia se debe a que el Consejo de Seguridad de las Naciones Unidas es el principal remitente de casos, aunque no el único, y esto le da una connotación política que filtra y categoriza los procesos que van a estudio de la Corte.

Ahora, vale destacar, que los crímenes de competencia del CPI no prescriben. También, que solo puede imponer penas máximas de 30 años de prisión, aunque de forma excepcional, cadena perpetua si la extrema gravedad del delito lo justifica, pero nunca puede condenar a muerte. Las penas se pueden saldar en el país sede de la Corte es decir, Holanda, o en otros países, de acuerdo con los acuerdos que se den en un futuro.

Tampoco es competente para juzgar a quienes al momento de cometer el presunto crimen eran menores de 18 años. Esta última situación puede darse en gran escala en el conflicto colombiano. En esta lucha el número de menores de edad, vía reclutamiento forzado, significa un alto porcentaje dentro del número de efectivos que tienen las FARC.

La metodología de la Corte para la investigación y enjuiciamiento puede iniciarse de tres maneras: cuando un Estado Parte, como lo es Colombia, remite un caso específico; por solicitud del Consejo de

Seguridad de las Naciones Unidas, o de oficio por el Fiscal de la Corte.

De acuerdo con el manejo que Santos está dando al proceso de paz, no resulta aventurado pensar que acudir a la CPI en procura de la implantación de justicia para quienes han cometido delitos de lesa humanidad durante el conflicto armado, es una posibilidad real. Aunque ante el blindaje del manido Acuerdo Especial Humanitario que va a blindar a las FARC de sus punibles faltas, surgen inquietantes interrogantes.

CAPÍTULO VII
RECLUTAMIENTOS DE
LAS FARC

Si las FARC no tuvieran capacidad de reclutamiento ya habrían sido derrotadas hasta 3 veces, dice un estudio de la Universidad Nacional. Sostiene que entre 2002 y 2015, esto es, en 13 años, se desmovilizaron 25.433 guerrilleros de los cuales 25.279 lo hicieron en forma individual. Esta cifra es muy superior a los 8.000 irregulares que según informe de inteligencia militan en estos momentos hay en las filas insurgentes.

Las FARC no reconocen la Convención sobre los Derechos del Niño firmada por el gobierno colombiano. Y han demostrado un inmenso desprecio por las normas básicas del Derecho Internacional Humanitario, DIH. Ante tan deplorable realidad el reclutamiento de menores no puede depender de la buena fe de la guerrilla. Es el Estado quien debe enfrentar esta tarea haciendo esfuerzos permanentes y contundentes para que los muchachos del campo tengan opciones diferentes a la guerra. La laxitud que ha reinado hasta ahora por el gobierno, es la razón de porque el 47 por ciento de los integrantes de este grupo subversivo fueron reclutados en su niñez. Se ha encontrado que mientras más riqueza natural muestra la zona, en especial de cultivos ilícitos y minería ilegal, el reclutamiento de menores es más intenso. Los niños indígenas son los más codiciados por los jefes guerrilleros; la razón es que tienen gran conocimiento del terreno, pueden desplazarse fácilmente y cuentan con gran resistencia a las afecciones ambientales.

La guerrilla aprovecha la poca o nula presencia del Estado en las regiones. Este abandono facilita la labor de los reclutadores, quienes ofrecen salarios atrayentes a los infantes para que estos pueden enviar dinero a sus familias. Ante la miseria que se respira en esos lugares, suena atractivo recibir algún dinero para apalear las grandes necesidades que se soportan. Aunque, luego, ya dentro de los frentes, el trato inhumano que reciben los desencanta, pero ya no pueden hacer nada. Se han convertido en esclavos. Si buscan evadírse y son capturados les siguen juicio y los matan.

Adaptarse a la vida guerrillera produce un shock en la psiquis de los infantes que los desestabiliza emocionalmente. Enfrentar una guerra que no se comprende es traumático. Los niños en poco tiempo van a padecer disfunciones mentales y sin percibirlo, se van trocando en combatientes duros y crueles fruto de las enseñanzas que reciben de jefes y compañeros. Según un informe de Human Rights Watch, uno de cada cuatro combatientes es menor de 18 años.

X X X

Las razones de la reducción lenta pero constante de los integrantes del grupo de las FARC, han sido las desmovilizaciones, las capturas y las muertes en combate. De los desmovilizados se adquiere información muy valiosa que sirve para programar ataques a la guerrilla. En el período que va de 2007 al 2010, dejaron las armas 11.517 guerrilleros, esto da un promedio superior a 3.000 guerrilleros al año. Este alto número de desmovilizados coincidió con la muerte del negro Acacio el 2 de septiembre de 2007;

Raúl Reyes el 1 de marzo de 2008 y el mono Jojoy el 22 de septiembre de 2010.

Muchas niñas entre 14 y 16 años, son reclutadas y convertidas en objetos sexuales. Los comandantes de los frentes escogen las más jóvenes y bonitas y las convierten en sus amantes. Sin embargo, cuando quedan en embarazo, son obligadas a abortar ya que el reglamento prohíbe la maternidad. Los computadores incautados por el ejército en combates con la guerrilla en diversas regiones del país, dejan entrever no solo el alto número de menores reclutados, sino los vejámenes a que son sometidos. En las bases de datos de estos aparatos figura en detalle la información alusiva al adolescente secuestrado, el sitio donde habitaba, los padres, la escuela y cualquier otra característica del entorno en el que se movía el infante antes de su reclutamiento. Pocos meses después de su enganche en la guerrilla los infantes terminan convertidos en propiedad de los guerrilleros y son explotados física y emocionalmente. A diario les recuerdan que de llegar a evadirse, sus familiares serán perseguidos y serían ellos quienes vendrían a pagar las consecuencias de la deserción.

Dado el perfil aventurero y competitivo de estos muchachos, la guerrilla se aprovecha de esta condición anímica para utilizarlos como carne de cañón. En consecuencia, en los encuentros armados con el ejército son ellos quienes más bajas sufren y quienes peores heridas reciben. Como es de suponer, sanar a un herido es toda una hazaña, por la carencia de fármacos apropiados y asistencia médica oportuna. Por esta razón, se dan casos en los que una herida no necesariamente mortal, termina cegando la vida de los chicos.

Los adultos presionan a los niños para que maten, torturen y mutilen. Los convierten en cortinas protectoras para jefes y combatientes experimentados. Aquellos que se resisten, son castigados de múltiples formas, distinguidas por su rudeza y crueldad. Ahora, si reinciden y tratan de revelarse, pueden ser sometidos a juicios sumarios y muchas veces vienen a ser ejecutados por sus propios compañeros.

Las FARC regularmente realizan campañas de reclutamiento en las que magnifican la vida del guerrillero y la hacen ver como una actividad atractiva que además puede deparar dinero y poder a quien accede a sus filas. Pero, tan pronto los infantes se vinculan, contemplan con nostalgia que todo era un espejismo. Pueden constatar que se trata de un camino sin derecho a rectificar en el que no existe posibilidad de retorno.

Los negociadores en la mesa de la Habana, acordaron el 15 de mayo de 2016, desmovilizar a los niños menores de 15 años de las filas de las FARC. La participación en la guerra de estos menores es una infamia. Esto es de celebrar, aunque era un compromiso de la guerrilla desde el pasado 10 de febrero de 2015. Pero lo que llama a reflexión es el número de infantes que dicen las FARC tener en sus filas. Iván Márquez, sin rubor manifestó que eran solo 21. Bienestar Familiar informó que de acuerdo con sus controles el número de niños de esas edades en poder de estos insurgentes, pasaba de los 1.000. Pero, claro, se está negociando con una guerrilla que no hace honor a la verdad y cuya palabra es de poco valor. Ante el rechazo de la opinión pública por la declaración de Iván Márquez de tener en su poder solo 21 infantes, este insurgente por resolvió subir el número a 174.

CAPÍTULO VIII
ZONAS DE
CONCENTRACIÓN

Las zonas de concentración serán áreas destinadas a la desmovilización y desarme de la guerrilla, tras la firma de un acuerdo de paz. Las zonas deben estar libres de minería ilegal y de cultivos ilícitos. El grupo negociador del gobierno ofreció a las FARC, 11 de estas zonas, cada una del tamaño de una finca grande. Lo cierto es que en cualquier sitio que la guerrilla se desmovilice, existirá en potencia la posibilidad de un incremento de la violencia. Un número bajo de zonas encierra el peligro de sacar a las FARC de las áreas que dominan y hacen presencia efectiva, y crear un vacío que pronto sería ocupado por grupos criminales armados, ante la falta de presencia de efectivos de las fuerzas armadas que no pueden estar en todas partes. Se necesitaría algo así como militarizar el país entero para lo cual se requerirían recursos ingentes.

Las zonas de concentración necesitarán de un control estricto que exija identificación completa, incluyendo huellas digitales para las personas que accedan a ellas. Las zonas precisarán de centros de abasto e infraestructura en los alrededores, esto es, de comunidades productoras de medios de subsistencia.

Una inquietud sobre estas zonas se centra en la seguridad de las comunidades al vivir en las vecindades con miembros de las FARC quienes tal como van las cosas, estarían armados hasta su futura desmovilización. La experiencia de procesos de paz similares muestra que el proceso de entrega de armas es lento. Pueden pasar años para que los observadores internacionales confirmen que las armas no están en uso. La guerrilla puede aludir a razones de integridad personal para justificar la entrega lenta del armamento. Existe el riesgo fundado de que las zonas de concentración se conviertan en "tierras de las FARC". Esta agrupación buscará la forma de continuar su protagonismo, el gran desarrollo de las comunicaciones será el principal medio de coordinación y adoctrinamiento de los reductos que sin duda seguirán en el movimiento subversivo. Por este motivo, es de desear que se controle el uso de celulares y de cualquier otro medio que facilite el contacto entre los guerrilleros.

Paradójicamente, el ejército colombiano que enfrentó este grupo subversivo durante 50 años, será por cosas de la vida, el que tendrá la tarea de preservar la vida de sus enemigos. Todo apunta a que se requerirá un grupo especial de militares que, a la usanza del antiguo grupo de búsqueda, ahora se asigne a la labor de preservar la vida de sus antagonistas. De seguro, estas zonas servirán para entrega y destrucción de armas, y como sitio de verificación del cese al fuego, y monitoreo internacional.

Ahora, demasiadas zonas de concentración, equivaldría a llevar la presencia de las FARC a una gran parte del territorio nacional, dando lugar a un real peligro para la institucionalidad del país. Las FARC no son ni serán una agrupación confiable. Portan el síndrome de la violencia y la crueldad que no desaparecerá mientras vivan. Lo único que puede hacerse es minimizar los efectos nocivos de convivir con un vecino incómodo cuyas ínfulas revolucionarias los acompañarán hasta el ocaso de su existencia.

X X X

Pero las desmovilizaciones traerán un buen número de sorpresas. Según la Agencia Colombiana de Reintegración, ACR, 9 de cada 10 personas vinculadas a la guerrilla, desarrollan enfermedades psicológicas, entre ellas esquizofrenia, bipolaridad y otras formas de disfunción mental. El director de la ACR, Alejandro Eder, emitió un concepto preocupante respecto al conflicto armado:

-"Si Colombia logra un acuerdo de paz que implique la entrega de armas y la desmovilización de los terroristas, se necesitarían unos 25 años para superar la totalidad del conflicto, reparar a las víctimas y reinsertar a los desmovilizados".

Así y todo, el presidente de la Asociación de Víctimas de la Guerrilla, Jaime Arturo Restrepo, es menos optimista, manifiesta que:

-"Las desmovilizaciones de las FARC, van a desarticular sus estructuras militares, pero no su estructura financiera, ni la dedicada al narcotráfico".

Es decir, se limitarán a recortar el aparato militar que alcanza al 40 por ciento de las FARC, ya que el resto se dedica a las actividades delictivas como narcotráfico y lavado de dinero. Para Restrepo el Marco Jurídico propuesto por el gobierno es:

-"Pro impunidad y no pagarían cárcel los desmovilizados que cometieron graves delitos".

CAPÍTULO IX
EL CATATUMBO Y LOS MILICIANOS

El gobierno acabó con las fumigaciones manuales en el área del Catatumbo en el departamento de Norte de Santander, después de haber suspendido la fumigación aérea. Esta actitud complaciente dio lugar a la proliferación de cultivos de coca sin precedentes. Santos cedió a las presiones de la Asociación Nacional de Zonas de Reserva Campesina, Anzorc. Como resultado la inseguridad creció y los homicidios se dispararon. De seguido surgen acciones guerrilleras del EPL y el ELN, contra la infraestructura petrolera y las vías. También, se presentan frecuentes asesinatos de miembros de la fuerza pública. Las FARC con el frente 33, maneja 7 estructuras con dos columnas móviles y una compañía. Igualmente, hacen presencia en el área, los Rastrojos, las Águilas Negras y el Clan Usuga. Es decir, la situación no puede ser más compleja y explosiva.

El departamento de Norte de Santander se ubica como el mayor cultivador de coca del país. Se estima una producción de 47 toneladas al año en la región del Catatumbo, fruto de 4 cosechas anuales. Esta situación se dio tras la suspensión de la erradicación manual por parte del gobierno. Wilfredo Cañizares, director de la fundación Progresar, indica que en esta zona del Catatumbo se está generando un brote de violencia, cuyos ingredientes son las guerrillas del ELN, el ELP y las Bacrim, junto con la entrada de nuevos grupos de narcotraficantes, en busca de un control territorial. Y advierte:

-"Tal y como está el Catatumbo, es una región inviable para la construcción de procesos de paz".

Estas inquietudes de personas metidas de lleno en el laberinto del orden público de la nación, dejan mucho que pensar, ya que, de seguro, habrá muchos sitios como este del nordeste colombiano, en donde las condiciones de orden público impiden la puesta en marcha del posconflicto. Se han venido gastando sumas millonarias para llegar a un acuerdo de paz que va a carecer de las condiciones propicias para implementarlo. La desilusión de los colombianos va a ser muy grande cuando después de esperar años por la reconciliación, van a evidenciar que todos esos esfuerzos fueron inútiles. Santos tiene que entender que más que firmar un papel con las FARC-que podría ser letra muerta-debe estar seguro de la puesta en marcha, no solo de los escritos, sino de las condiciones adecuadas de orden público. Todo parece indicar que lo único que se logrará con este de seguro fallido proceso de paz, será cambiar el nombre de las FARC por el de cualquier otro grupo criminal, pero de contera, en un terreno en el que la situación estará abonada para el recrudecimiento del conflicto.

Se ve a las claras que Santos está obsesionado por firmar el acuerdo de paz a cualquier costo. No le importa lo que venga más tarde. Le interesa solo el golpe de opinión internacional. Este podría llevarlo al premio Nobel de la paz el cual es su principal propósito. Lo que venga después, será problema de futuros gobiernos. Para esa época él ya estará disfrutando de sus encuentros de golf en compañía de sus áulicos y poco le importará el adefesio de paz que construyó como fruto de su infinita ineptitud. Santos va a entregar un país con una violencia disparada, invadido de coca y con una economía debilitada.

X X X

El avance de la guerrilla en su búsqueda de agredir al Estado tiene otro importante componente representado en miles de personas civiles que colaboran con la insurgencia. La Fiscalía detecto 1.500 episodios delictivos en los que se presume la colaboración de particulares con las FARC. En marzo de 2016 Santos aseguró que el país esperaba una desmovilización de 17.500 integrantes de este grupo delictivo, de los cuales 10.000 pueden ser milicianos. Es decir, estos últimos son el motor que permite a las FARC cometer actos terroristas en las ciudades como fue el caso del Club El Nogal, y adelantar trámites para compra de armamento, diseñar la logística de ayuda médica y farmacológica, y manejar las finanzas dentro y fuera del país. Muchos civiles, que son clave para identificar zonas aptas para el reclutamiento forzado, y ubicación de personas adineradas sujetas a extorsión y secuestro, tendrán que responder ante el Tribunal de Paz que surja de los acuerdos de la Habana. Además, las declaraciones de los desmovilizados servirán para obtener la información de múltiples milicianos en el caso de que estos rehúsen a entregarse. Por esta razón los testimonios de ex líderes como "Karina", "Martin Sombra" y "Olivo Saldaña" son fundamentales para el esclarecimiento de múltiples delitos.

CAPÍTULO X
CESE AL FUEGO

El cese al fuego, es decir la condición de parar los ataques armados entre los protagonistas del conflicto, es algo deseable pero de inmensa peligrosidad. Ante la proliferación de grupos guerrilleros por el país sin Dios ni ley que cumplir, es difícil pensar que dejarían sus costumbres criminales. En realidad lo que al país interesa no es tanto el cese de acción bélica, sino el de hostilidades. En cambio para la guerrilla es de la mayor importancia que las fuerzas armadas dejen de disparar. Esta es la situación ideal para ellos, ya que de esta manera pueden no solo seguir con sus acciones ilegales, sino organizarse y fortalecerse en lo que respecta a la logística que exigen sus tareas criminales. De ahí la insistencia de las FARC en el cese bilateral del fuego.

Las FARC consecuentes con su postura expansionista, llevaron a cabo una suspensión del fuego a partir del 20 de diciembre de 2014. Esto trajo una aparente calma que fue celebrada especialmente por quienes presionan un acuerdo de paz con la guerrilla a raja tabla. Al igual que Santos, quieren participar de los reflectores que encenderán los rostros de los amantes de la paz, aunque sean conscientes que con esa rúbrica se estará condenando a la nación a una guerra de peores consecuencias. La única diferencia será el cambio de nombres de los protagonistas, pero, de seguro, con armas más sofisticadas y tácticas modernas. Aunque Santos no lo dijo explícitamente, la impresión que quedó fue la de una decisión tácita del gobierno para bajar la guardia a partir de la declaratoria de las FARC en la que ofrecía una tregua unilateral.

El 10 de marzo de 2015, Santos suspendió los bombardeos contra el grupo subversivo con el fin de des escalar el conflicto. Tiempo después, un mes más tarde, el 9 de abril de 2015, el presidente habló a la nación diciendo que extendía por un mes más la tregua. Aludía al hecho de que el grupo armado había respetado el cese bilateral. Todo daba la impresión de seguir una luna de miel entre los contrincantes bélicos. Pero, como pasa de fijo en las relaciones con maleantes, 6 días más tarde, Santos anunció que había cancelado la orden de suspender los bombardeos debido al ataque que se registró en el departamento del Cauca el 15 de abril en el que la guerrilla mató de manera cobarde a 11 militares y dejó heridas 20 personas.

Esta situación pone en evidencia la fragilidad de las negociaciones en la Habana, ya que las partes habían declarado a los 4 vientos que el proceso de paz estaba ad portas de entrar en su recta final. Este episodio deja ver a las claras las dificultades de la negociación y de cierta manera la inexperiencia de los actores de la Habana. La razón es que mientras las FARC no tenga ascendencia sobre la gente que está en el terreno, la paz a pesar de todos los documentos que se firmen, y de todas las promesas que se hagan seguirá siendo esquiva para el pueblo colombiano. Una cosa serán los acuerdos de la Habana y otra muy diferente la que se vivirá en campos, selvas y cordilleras de la patria.

Las FARC anunciaron la suspensión del cese unilateral del fuego que adelantaban desde el 20 de diciembre de 2014, a causa de la muerte de 26 guerrilleros, el 21 de mayo de 2015, a raíz de un ataque perpetrado por el ejército. Sin embargo, dando muestra una vez más de su interés por parar el accionar de las fuerzas armadas, anunciaron un nuevo cese unilateral al fuego el 8 de julio de 2015, por el término de un mes. Santos respondió diciendo que no era suficiente. Seguramente ya había entendido que las FARC buscan estas treguas guerreras más para fortalecerse y delinquir, que para llevar tranquilidad al pueblo colombiano.

El cese al fuego es un escenario que debe surgir como resultado de los pasos que se vayan dando a medida que se implementan los acuerdos en la Habana. La insistencia de las FARC en la presencia de este escenario es obvia. Con esto tienen mucho para ganar y nada que perder; sentirse libres del acoso militar es la situación ideal para la guerrilla. De esa manera las acciones criminales las pueden realizar a sus anchas y por consiguiente, recibir más dólares y aumentar su poder militar. En síntesis, el cese al fuego solo debería darse con la entrega de las armas, antes de que los subversivos hagan uso de las zonas de concentración en donde las circunstancias parecen indicar que se tratará de unas vacaciones largas y entretenidas, pagadas por la sociedad colombiana.

Los subversivos hablan de buscar condiciones para avanzar con el gobierno en la concesión del cese al fuego bilateral y definitivo. Y, enfatizan, en que los efectos prácticos pueden ser un preludio del fin de la guerra ya que implica algo más profundo, como es la superación de las causas generadoras del conflicto.

Lo cierto es que la guerrilla explota el temor y la angustia que invade a los pobladores del país cuando se da un encuentro armado con el ejército. El miedo que infunden a los habitantes las fuerzas en contienda, va encaminado a presionar la aprobación de cualquier esperpento de paz que se firme en la Habana. Tanto Santos como Timochenko, están deseosos de firmar un acuerdo, aunque en el fondo ambos son consciente de que esto será un formalismo intrascendente que solo servirá para buscar un reconocimiento internacional.

El país no puede aceptar el chantaje de que está siendo víctima. La paz que llegue a firmarse en la Habana debería ser una capitulación de la insurgencia, los ataques terroristas pueden cesar si existe la voluntad política por derrotar a las FARC. Hay que soslayar los trinos presidenciales y guerrilleros con los que amenazan con 50 años más de guerra. La situación es al contrario, de firmarse un acuerdo de paz defectuoso se está dando el salvoconducto para que miles de forajidos icen las banderas de las FARC, el conflicto se recrudezca y se convierta en una guerra crónica. Si la justicia resulta ser la damnificada de la contienda que se vive en Colombia, estará muy lejos la posibilidad de la pacificación de todas las regiones patrias. Será el triunfo de la justicia y no su entrega, lo que traerá la paz a la nación.

La grandeza de los Estados Unidos no está en el poderío de sus fuerzas armadas, ni en la fortaleza de su economía, sino en el implacable funcionamiento de su justicia, apoyada en una recta política carcelaria, que se aplica de igual manera y sin distingos de clase, a todos los ciudadanos. Si comparamos esta realidad norteamericana con Colombia, se claramente que los problemas de violencia, inseguridad y miseria que sofocan a la población, tienen sus raíces en la existencia de una justicia inoperante, indolente y corrupta. Y, ahora, con el proceso de paz como lo viene manejando el presidente, se le aplicarán los santos óleos, seguidos de un entierro de tercera, sepultando así la esperanza de un país que no merece la crueldad a que ha sido sometido. Si la impunidad impera, jamás sanarán las heridas dejadas por el dolor del conflicto.

X X X

La entrega de las armas es la actividad clave para des escalar el conflicto. Sin embargo, las FARC han mostrado reticencia a este aspecto, indispensable para emprender el camino de la reconciliación. Pero no hay que pecar por ingenuidad. Como antes se dijo, la guerrilla encontrará el medio de seguir vinculada a las armas. Aunque la presión pública puede llevar a los guerrilleros a entregar el armamento, de fijo, en forma simultánea, estarán accionando el plan B, el cual solo se hará efectivo cuando las circunstancias lo exijan. Este plan de rearme solo precisa de 3 condiciones: el dinero para comprar las armas, que lo tienen a montones: la ayuda logística que podrán hallarla en las milicias esparcidas por todo el territorio nacional, y el sitio de acopio que tienen en suficiente cantidad. No es descartable que en las propias zonas de concentración, una vez la corrupción haga presencia, se concentre un alto porcentaje del nuevo armamento.

A pesar de no ser una panacea para el proceso de paz la entrega de las armas, las figuras de la amnistía y el indulto para guerrilleros que no hayan cometido delitos atroces como los contemplados por el CPI, solo debe empezar cuando se cumpla este álgido requisito. No pueden imaginarse zonas de concentración con subversivos armados, esto daría lugar a la creación de una situación de confort y sería una burla para la población entera.

Pero, lo que en verdad le importa más al país más allá del propio cese al fuego, hay que enfatizar, es el cese de las hostilidades. Es necesario buscar un alivio para la población civil, la que en mayor medida padece las consecuencias de los orates guerrilleros. Es imperante acabar al menos con las extorsiones, el reclutamiento forzado y el narcotráfico. Aquí está el meollo de la lucha armada. Veamos las dos últimas. Las FARC por ningún motivo renunciarán a al reclutamiento forzado, así lo enfaticen abiertamente, esto sería el equivalente a diezmar el número de efectivos y resignarse a desaparecer lenta, pero inexorablemente. Esta actividad, además, le sirve para conectarse con los lugareños que en general son los padres de los muchachos que reclutan. Estos pobladores al tener su hijo o hija en la guerrilla y recibir el dinero que regularmente les mandan, los lleva a contemporizar con los subversivos. Es apenas natural que así sea. Por lo tanto, la labor del Estado para disuadir a los habitantes de pueblos, veredas y caseríos y permitirles ver las ventajas de su colaboración con el ejército es una ardua tarea. Los lugareños ven más ayuda por el lado guerrillero y, además, son reacios a pasar información que pueda comprometerlos. Así y todo, el gobierno no puede desfallecer. Hay que obtener el apoyo de estas personas si se quiere acabar con los reclutamientos de las FARC, o de cualquier otro reducto de forajidos que surjan en las regiones. Es una labor prioritaria de la Defensoría del Pueblo diseñar políticas que no solo lleven mensajes de solidaridad, sino hechos concretos que se puedan materializar.

La declaración de las FARC en el sentido de que desmovilizarán a 21 muchachos menores de 15 años, cuando en realidad tienen en sus líneas más de 1.000, es otra de las falacias del proceder de estos forajidos. Es poco o nada lo que hay que creerles, todas sus actuaciones están salpicadas de mentiras e hipocresía.

Ahora, el narcotráfico, la real niña de los ojos de la guerrilla, es una actividad de la que jamás van a desistir. Sin ella cesaría el combustible que da la vida a la organización. Es evidente que las FARC son el narcotráfico y el narcotráfico son las FARC. El uno no puede vivir sin el otro. Por consiguiente, cualquier trámite que se haga para desvincular a la guerrilla de su fuente financiera será en vano. Por supuesto, que ellos pueden firmar cartapacios de papeles en los que juran y se comprometen a dejar esta práctica oprobiosa. Pero la realidad es tozuda y solo los más cándidos pueden creer las promesas de los facinerosos. La meta del Estado es acabar con el cordón umbilical que conecta la subversión con el comercio de la coca. Sería el final de la insurgencia en Colombia.

Si, milagrosamente, los puntos citados se dieran y las FARC cesaran las hostilidades, el ejército tendría que parar bombardeos, así como acciones ofensivas y, eventualmente, labores de propaganda y de espionaje. Sin duda, sería una merma significativa en el radio de acción de las fuerzas armadas. Todas estas inquietudes llevan a una realidad; la pacificación solo será posible cuando se logre un cese al fuego y de hostilidades definitivo que conduzca a un armisticio.

Es tan compleja la topografía colombiana y hay tantos facinerosos en todas las regiones que evitar futuros enfrentamientos con o sin cese al fuego, no es posible. Hay cientos de motivos que pueden dar lugar al surgimiento de escaramuzas armadas, en esto tiene mucho que ver el instinto de conservación. La guerra ha dejado muchas secuelas que han traído desconfianza y recelo entre los combatientes. Cualquier pequeña acción como un simple patrullaje de reconocimiento del terreno, puede desatar mortales enfrentamientos como ya ha ocurrido repetidamente en diversas regiones del país. Este será un peligro potencial que surgirá en cualquier momento y cuando menos se espere.

La comisión de verificación que se integre con personal nacional y de otros países, tendrá el delicado compromiso de reportar clara y oportunamente, cuando algún grupo, incluido el ejército, rompa la tregua. Va a ser una labor extenuante. Con tantos actores armados, entre ellos, los reductos remanentes y los nuevos guerrilleros de las FARC, será difícil para la comisión señalar quien rompe la tregua, y los correctivos que deban aplicarse.

CAPÍTULO XI
LA JUSTICIA
TRANSICIONAL

El Congreso a instancias del gobierno, fijó en la Constitución la posibilidad de acudir a mecanismos de Justicia Transicional para el conflicto armado. La idea es establecer penas alternativas a las contempladas por la ley para el castigo de delitos atroces, crímenes de lesa humanidad, crímenes de guerra o graves violaciones a los derechos humanos.

La amnistía y el indulto son figuras aplicadas universalmente para guerrilleros. Los subversivos de las FARC podrán beneficiarse con ella en lo relacionado con los delitos conexos con la rebelión, si bien en la actualidad solo lo son el porte de armas, uso de uniformes y de equipos de comunicación. Se cree que se incluirán otros delitos como los del dinero ilegal para financiar el grupo, esto es, la extorsión y el cobro de gramaje, también algunos vinculados al combate como los muertos en enfrentamientos. Aquí surge una fuente copiosa de impunidad. Condenar a los subversivos de las FARC, que hayan cometidos delitos de lesa humanidad a penas irrisorias, es matar cualquier posibilidad de reconciliación. Sería tanto como dejar abierta una herida por el resto de los tiempos, y de paso establecer un prototipo a seguir para matar y delinquir.

Alcanzar la paz supone sacrificios, pero hay que andar con cuidado. Los dólares que reciben los subversivos por el gramaje es una actividad clásica del narcotráfico a la cual la guerrilla se dedicó en un principio, pero al día de hoy las FARC es una agrupación convertida en cartel de la droga con tentáculos que llegan a Centro América, México, Venezuela y países de Europa, Asia y África. De otra manera, no recibirían los 1.000 millones de dólares al año. Con el solo gramaje no podrían sostener sus estructuras criminales. Equiparar el narcotráfico con el delito de rebelión es un exabrupto y una torpeza.

Todo parece indicar que el narcotráfico camuflado con la figura del gramaje va a ser amnistiado. De fijo a Santos poco lo preocupa, siempre y cuando que esta estrambótica concesión lo lleve al acuerdo de paz. El pueblo colombiano no puede permitir que se llegue a este desatino. Meter en la misma olla el narcotráfico y la rebelión es crear un Frankenstein de incalculables proporciones. La producción de cocaína daría pie a un crecimiento inusitado de este alcaloide. Además, los futuros narcotraficantes armados podrían alegar con razón, la existencia de la figura de la amnistía cuando sean sometidos a juicio. Sería el paraíso del narcotráfico en el mundo.

Pero el problema es grande:

-¿Cuál será la posición de los jueces para juzgar personas señaladas y muchas condenadas dentro y fuera del país, como integrantes de una organización narcotraficante?

Es obvio que ningún guerrillero va a declararse culpable de este delito. Por lo tanto, el proceso de paz se convertirá en una farsa donde personas que han practicado esta actividad y se han enriquecido con ella, serán amnistiadas. Grave precedente para un proceso de paz que habla de exigir a los subversivos la entrega de la verdad exhaustiva. Pero es peor aberración llegar a otro escenario en donde el insurgente acepta ser narcotraficante, y por los malabares del proceso de paz, sea condenado a pasar un tiempo más parecido a una temporada sabática que a un real castigo.

La normativa que se prevé, establecerá que si quienes estando en la Jurisdicción Especial para la Paz no cumplen con la verdad exhaustiva, y son declarados culpables por el Tribunal para la Paz que junto con las Salas de Justicia, estarán encargados de aplicar justicia, recibirán una pena de 20 años en un régimen de reclusión ordinario. También se habla en la Jurisdicción Especial para la Paz, que si la verdad no es exhaustiva y no llega a tiempo, el Tribunal para la Paz iniciará un juicio contradictorio donde la persona podrá ser castigada hasta con 15 años de cárcel.

Los objetivos de la Justicia Transicional es satisfacer el derecho de las víctimas a la justicia, obtener la verdad, contribuir a la reparación, combatir la impunidad y otorgar seguridad jurídica a quienes participaron de manera directa o indirecta en el conflicto. Pero, esta serie de buenas intenciones, se derrumba como un castillo de naipes, cuando de entrada dos de sus principales principios, el de alcanzar la verdad y combatir la impunidad, no saldrán a la luz.

El narcotráfico es un delito que cae dentro del rango de crímenes de lesa humanidad y son culpables de este no solo Iván Márquez y sus secuaces, sino los mandos medios, y los milicianos colaboradores de la guerrilla.

X X X

El indulto es una causa de extinción de la responsabilidad penal, que supone el perdón del castigo y parece estar más acorde con el interés nacional, ya que solo excluye la aplicación de la pena, sin impedir las demás etapas procesales y la acción del Estado a encontrar la verdad y la reparación de las víctimas. Si bien el indulto podría emplearse para delitos políticos como rebelión, asonada, sedición y delitos conexos, considerar el narcotráfico dentro de este contexto es ir demasiado lejos. Este es un delito mayor que no encaja dentro del indulto y dadas sus características criminales se sitúa dentro de los crímenes de lesa humanidad.

La amnistía supone el perdón y el olvido de los crímenes cometidos contra la sociedad civil, pero para que sea justificada no puede ignorar el sufrimiento a que fueron sometidas las víctimas. Es una manera cuestionable de enfrentar las atrocidades y finalizar un conflicto armado al cubrir con un manto de impunidad los crímenes cometidos contra los no combatientes. Ahora, al ser esta figura el sobreseimiento total y definitivo del proceso penal en el estado en que se encuentre, implica el total cese del hecho punible. En este sentido, podría ser un obstáculo jurídico para la reparación judicial de las víctimas cuando va en favor de quienes hayan cometido crímenes de guerra, crímenes de lesa humanidad y genocidio.

El Protocolo II Adicional a los Convenios de Ginebra, permite la figura de la amnistía siempre y cuando no se deje de cumplir con el deber punitivo del Estado. Proceso que desconozca este deber estatal no tendrá sustento jurídico frente al derecho internacional, reza uno de sus artículos. Por lo tanto, el proceso de paz en Colombia para ser consecuente con este principio, debería tener presente estas clases de acotaciones, ya que de no cumplir con el estándar mínimo humanitario de penas, dejaría un permanente dolor en el país imposible de sanar.

La inquietud que surge es si las zonas de concentración serán algo equivalente a los delitos cometidos, y si en realidad van a permitir que los subversivos de las FARC paguen por sus crímenes de guerra. Sería delicado para la seguridad del país, que la imagen y la sensación del pueblo respecto a las penas que van a cumplir los guerrilleros, parezca más una caricatura de privación de la libertad que una purga real a los atroces delitos cometidos.

Otra cosa que deben definir los futuros magistrados que hagan parte del Tribunal de Paz, es la manera como irán a manejar pronunciamientos como los de Timochenko quien públicamente expresó:

-"Cuando uno pide perdón es porque se arrepintió de haber hecho algo y yo no me estoy arrepintiendo de lo que he hecho".

Es preocupante que quien encarna el sentir de esta organización criminal no reconozca los graves delitos de guerra, genocidio y lesa humanidad que ha cometido. Tampoco da tranquilidad que Iván Márquez cabeza del grupo negociador de las FARC en la Habana declare que:

-"Las sanciones restaurativas de la Jurisdicción Especial para la Paz no están condicionadas ni a arraigo ni a vigilancia, sino al cumplimiento laboral de la sanción".

Por el contrario, el país exige que la restricción de la libertad sea efectiva y tenga un elemento de reclusión real. Si se miran con cuidado las declaraciones de Márquez puede inferirse que la pena que él espera por sus delitos va a ser un trabajo de recreo en una finca, sin concentrarse en un lugar preciso y sin ningún control externo.

Estas afirmaciones muestran el enfoque que tienen las FARC respecto al conflicto armado: son las víctimas y no los victimarios de la guerra. Ante estas posturas, duelen las concesiones y garantías que el grupo alzado en armas viene recibiendo del gobierno. Es posible que la posición de las FARC se vaya acomodando a las circunstancias que surjan, pero esto no evita inferir que los testimonios de estos subversivos ante el Tribunal de Paz será toda una opereta de embustes.

Hay otras investigaciones que señalan la vinculación directa y el control de las FARC en todas las fases de la cadena del narcotráfico. Un artículo de El Espectador del pasado 5 de mayo de 2016 muestra que esta agrupación cuenta con 73 estructuras ubicadas en 18 departamentos y 98 municipios, dedicadas al cultivo, producción y al tráfico internacional de estupefacientes.

Pero hay más. La participación en el negocio de las drogas la definen directamente los integrantes del secretariado y no son actividades desarticuladas que emprenden caprichosamente algunos de los frentes. Además, acuden a francotiradores y minas quiebra patas para frenar el avance de la lucha antidrogas. De los 60 frentes de las FARC, al menos 30 controlan el narcotráfico en su región de influencia. Esto muestra claramente que esta organización no solo se encarga del impuesto al gramaje como declaran sus negociadoras en la Habana, sino que son los encargados del negocio de la droga en todo su contexto y esplendor.

Aparece una nueva inquietud:

-"Cómo va a manejar el Proceso de Paz a los 55 cabecillas narcotraficantes de las FARC, de los cuales 30 están requeridos en extradición por Estados Unidos y 15 tienen notificación roja en interpol?

La posición del gobierno que ha sido complaciente y si se quiere cómplice con las exigencias de los subversivos, no deja muchas esperanzas. Por fortuna, la justicia norteamericana es seria y eficaz, luego va a ser una dura tarea encontrar salvavidas para estos subversivos.

Con todo hay otro aspecto que en su momento deberá ser tratado en la mesa de negociaciones de la Habana, será el relacionado con la propuesta lanzada al aire por Ricardo Téllez más conocido como Rodrigo Granda, en el sentido de que la entrega de armas estaría a cargo de Simón Trinidad, o Ricardo Palmera, extraditado en el 2004. Este cabecilla de las FARC está preso en la cárcel Florence SuperMax o, Alcatraz de las Rocas, un centro de máxima seguridad en medio de las montañas del Estado de Colorado, en Estados Unidos, cumpliendo una condena de 60 años, por el secuestro de tres ciudadanos norteamericanos.

Granda considera que Simón Trinidad tiene gran experiencia y capacidad para adelantar este delicado trabajo. Este nuevo ingrediente, que agregan las FARC dentro de sus exigencias, puede resultar una traba adicional para los acuerdos. La posibilidad de que el gobierno norteamericano emita un indulto que libere a Simón Trinidad es muy remota. Y, lo es más, cuando este tipo de decisiones soberanas, acostumbran a contar con la opinión de las víctimas, en este caso quienes fueron secuestrados por el comandante guerrillero.

CAPÍTULO XII
LA REFRENDACIÓN

La refrendación del acuerdo a que se llegue será otro aspecto de interés. Las alternativas son el Plebiscito o la Asamblea Constituyente. El Plebiscito es un pronunciamiento del pueblo, que puede convocar el presidente Santos, mediante el cual se apoya o se rechaza una específica decisión del mandatario. Puede convocarlo únicamente el presidente de la república con la aprobación y firma de todos los ministros. Hay que aclarar que el plebiscito tiene que ver exclusivamente con una determinada decisión del Ejecutivo que no precisa de aprobación del Congreso. Este mecanismo permite a los ciudadanos participar en el ejercicio de las funciones propias del primer mandatario. Vale aclarar que en ningún caso podrá tratarse de la duración del periodo constitucional del mandato presidencial ni podrá cambiar la constitución política.

El pueblo decide con base en la mayoría del censo electoral. Aquí es necesario aclarar que el Congreso ya estableció que el umbral para avalar el Plebiscito propuesto por Santos, será solo del 13 por ciento del censo electoral. Esto es algo realmente inaudito más cuando en otros apartes constitucionales se habla del 50 por ciento para la aprobación de esta figura de refrendación. Por lo demás, el Plebiscito no puede efectuarse antes de un mes, ni después de 4 meses contados a partir de la fecha en la que el Congreso reciba el informe sobre la iniciativa, por parte del presidente. Esta figura democrática encierra muchos peligros, uno de ellos es que no se apruebe. Con la imagen del presidente tan deteriorada, a causa de sus reiterativas equivocaciones y en especial por su falta de liderazgo, esta opción es claramente posible.

El proceso de paz visto desde afuera, parece un indescifrable galimatías lleno de incertidumbres. El primer requisito para que algo salga bien, es que su manejo sea sencillo, fácil de entender y asimilar. El proceso de paz colombiano es todo lo contrario. El haber dado tantas prerrogativas a las FARC, solo ha servido para levantar aún más la autoestima de estos subversivos y hacerlos salir de control. Se sienten invencibles. Es poco probable que salga algo bueno para el país de una negociación con un presidente débil y una guerrilla fuerte, autoritaria, y ambiciosa.

Pero Santos ha olvidado algo esencial: la reconciliación no debe ser solo con las FARC, sino con el país entero. Él como presidente debe buscar el acercamiento entre todos los colombianos sin distingos y el Plebiscito dejaría por fuera movimientos tan importantes como el uribismo y hasta a los propios partidarios de la guerrilla, entre los cuales se encuentran movimientos de izquierda expectantes que no han renunciado al poder y buscan un espacio para hacer política. Sin duda, este medio de refrendación en caso de ser aprobado, será un vacío más para la reconciliación entre los colombianos.

Ahora, resulta demasiado simplista, para un conflicto tan cruel como el que ha vivido Colombia, que la paz se limite a un sí, o a un no. Hay profundas heridas y grandes rencores que ameritan un exorcismo a fondo en donde participen todos los colombianos. Ese es el verdadero reto: lograr que las vertientes violentas en las que está dividido el país, puedan converger hacia un mismo propósito y se inicie la recuperación lenta y progresiva de la sociedad.

X X X

Por fortuna las figuras para la refrendación son variadas. Otra de ellas, es la Asamblea Constituyente. Se trata de un organismo colegiado, integrado por ciudadanos elegidos por el pueblo para dar forma a la organización política de la nación y reformar la constitución. El Congreso, mediante una ley aprobada por la mayoría de los miembros de una y otra cámara, podrá disponer que los ciudadanos decidan si convoca a una Asamblea Constituyente para reformar parcial, o totalmente, la Constitución. Este mecanismo permite al pueblo solicitar una Constitución Política de Colombia. Para ser aprobada, se requiere al menos que la tercera parte del censo electoral colombiano vote a favor de su implementación. La ley debe definir el número de delegatarios, el sistema para elegirlos, la competencia de la Asamblea, la fecha de inicio y su tiempo de duración. La consulta para convocar una Asamblea Constituyente y la elección de sus delegatarios debe darse en dos actos separados. La consulta exige su realización entre los 2 y los 6 meses a partir de la expedición de la Ley. Estos mismos términos rigen para la elección de los delegatarios a la Asamblea contados desde la fecha de promulgación de los resultados por parte del Consejo Nacional Electoral.

La idea de la Asamblea Constituyente es reunir a unas personas dotadas de plenos poderes para editar una nueva ley fundamental y trazar la nueva línea de la organización de un Estado, que cambiará los prototipos ya existentes. Es decir, se trata de un mecanismo popular y democrático para la configuración de un nuevo Estado. Pero, vale aclarar, que no se busca producir enmiendas constitucionales propias de las funciones del Congreso, sino de transformaciones profundas a las estructuras organizativas existentes.

Algo a lo que las FARC no deberían renunciar es a la aplicación de una Asamblea Constituyente para refrendar el acuerdo de paz. La guerrilla no debe perder la oportunidad de acceder a una iniciativa histórica. Esta figura de refrendación les abriría un escenario propicio para emprender una nueva vida en la política alejada de las armas y meterse de lleno en el ordenamiento constitucional del país.

Las FARC consideran que de acuerdo con el artículo 3 de los Convenios de Ginebra, relacionados con los mecanismos para refrendar los acuerdos especiales como el que ellos proponen, estos adquieren una categoría equivalente a los tratados internacionales. Y, por lo tanto, no precisan de trámites adicionales para hacerlos obligatorios por las partes. Es de esperar que la Corte Constitucional tenga en cuenta estos argumentos y emita una declaración que sea la más viable para la nación. Juristas expertos en estos temas consideran inconstitucional esa figura de validación de los acuerdos de la Habana, propuesta por el toxico y prepotente ex fiscal Eduardo Montealegre.

Pero también se equivoca el gobierno al decir que:

-"Una constituyente, más que un mecanismo de refrendación es un escenario de confrontación. No es el punto final del diálogo, es por el contrario un nuevo comienzo del mismo".

Esta declaración, hecha por Humberto de la Calle, lo que encierra es el afán desmedido de Santos por firmar un acuerdo. Al presidente lo único que le importa, así diga lo contrario, es formalizar un pacto de paz a las carreras, para mandar el mensaje al mundo de que se firmó la paz en Colombia, aunque lo que se diga en ese documento sea toda una peregrinación larga y dolorosa de conceptos. Al fin y al cabo quienes tendrán que lidiar con este entuerto en los años venideros, serán los que padecerán las consecuencias de un acuerdo hecho sin esmero y Santos ya habrá recibido el reconocimiento internacional y el tan anhelado Nobel de Paz por el que tanto tuvo que luchar.

Es claro que con una Asamblea Constituyente se le saldría de las manos al gobierno el embeleco de convertirse en el salvador de Colombia al haber traído la paz a sus habitantes. La Asamblea Constituyente deja la consolidación de la paz en un grupo de ciudadanos que representan todas las tendencias políticas y sociales de la nación. Esta es la manera lógica de enfrentar la gran coyuntura que vive el país. Todos tienen que participar activamente en la restauración de una nación que clama angustiosamente por una operación mayor y no por una aspirina Bayer. A Colombia hay que refundarla si de verdad se desea evitar que se convierta en un territorio inviable para la vida en sociedad.

La Asamblea Constituyente es quizá el postrer reto que le queda a Colombia por jugar en este enrevesado panorama que viven sus habitantes. Lo que el gobierno acuerde con las FARC solo será un paliativo intrascendente. Hasta los más optimistas reconocen que, pese a un acuerdo con esta guerrilla, la paz seguirá siendo esquiva para los colombianos.

-¿Por qué entonces, no buscar un mecanismo de fondo que toque las heridas del país y se enfoque exclusivamente en su curación?

X X X

La última salida de los integrantes de los grupos negociadores de la Habana se enfocó en la convocatoria de un Plebiscito y, al mismo tiempo, en un acuerdo para que todo lo pactado se eleve a Acuerdo Especial Humanitario. Las FARC lograron así lo que venía exigiendo en la mesa de negociaciones. Estiman que con esto reciben seguridad jurídica a sus pretensiones sin contraprestación. Con razón el ex presidente Uribe consideró que ese acuerdo era "un golpe de estado a la democracia". Por su parte el senador Ernesto Macías precisó: "para Santos y las FARC el Congreso es un mandadero arrodillado a lo que negocien".

Varios expertos constitucionalistas consideraron que este Acuerdo Especial debería hacerse después de refrendado el acuerdo final. Rodolfo Arango estimó: "creo que es una posición equivocada la del gobierno y la del ex fiscal Montealegre. Se está confundiendo el contenido humanitario que puedan tener los acuerdos de la Habana con el contenido completo del acuerdo final. En mi criterio, no es posible darle trato de acuerdo final a los acuerdos de la Habana". Se produce así un nuevo esguince de Santos y las FARC a la Constitución y a los Derechos Humanos. El tipo de Acuerdos Especiales buscan exclusivamente velar por los derechos de la población civil y no deben tocar temas operativos de la mesa de negociaciones.

A raíz de este insólito pacto con las FARC el Procurador no tardó en dirigir una carta a Santos que en unos de sus apartes reza:

-"Usted señor Presidente y Timochenko, pretenden que ni siquiera la voluntad del pueblo, expresada a través de los mecanismos de que hoy dispone la Constitución pueda modificar tales acuerdos, tampoco el Congreso de la República ni ahora, ni en el futuro"

-"Es una acción que está al margen de la Constitución y que es incompatible con cualquier régimen democrático. Equivale a someter de forma dictatorial al pueblo colombiano a la voluntad de las FARC y del gobierno. ¿Quién le otorgó esa prerrogativa, doctor Santos?"

-"Invocar la paz no es excusa para abolir el estado de derecho en Colombia ni para imponer un nuevo orden, al margen de la Constitución".

-"Usted juró respetar la Constitución, no fue elegido para derrocarla y menos para hacerlo de la mano con las FARC".

Ahora seguiría un trámite en el Congreso con la salvedad de que este organismo constitucional solo tendría la alternativa de decir si, o no, a los acuerdos de la Habana. Es toda una vergüenza republicana. Posteriormente el Acuerdo Especial pasará a las manos de la Corte Constitucional y ya al final se prevé un Plebiscito. Es decir, el último en participar a través de una consulta en donde solo podrá decir si, o no, es el pueblo. Le presentarán a los ciudadanos un hecho cumplido. Influenciado por llevar ya la aprobación del Congreso y de la Corte Constitucional.

X X X

Después de este golpe bajo a la institucionalidad del país, queda lista la situación para que de un total de 32.500.000 votantes que tiene el censo electoral; para validar el Plebiscito en donde está en juego el futuro de la nación solo serán necesarios 4.200.000 votos para refrendarlo, es decir, apenas un 13 por ciento.

Ahora, en el escenario de que la Corte Constitucional no apruebe el plebiscito, algo que es poco probable, se abrirá camino la propuesta del inefable ex alcalde Montealegre que parte de la refrendación de los acuerdos de la Habana, directamente por Santos. Esta figura, acompañada de un Acuerdo Especial Humanitario, basado en la supuesta buena fe de las FARC y en una concesión irresponsable del gobierno, es el cuadro ideal para esquivar el pronunciamiento de los ciudadanos y acabar de un golpe con lo poco que queda de la adolorida democracia colombiana.

Así y todo, de llegar a darse el Plebiscito, es decir, si la Corte Constitucional aprueba esta figura, hará su aparición milagrosa la mermelada producto, entre muchos otros recursos, de la venta de Isagen. Será así como se empapelará el país con letreros atemorizando a la población diciéndole que si no quieren 50 años más de masacres hay que votar por el sí. Y de paso, crucificado a quienes tengan el valor civil de votar negativamente el Plebiscito. De esta manera, se consumará la tarea de entregar la Constitución a las FARC, pero, con el agravante, de que la paz no se verá por ninguna parte, más bien, por el contrario, la violencia tomará un nuevo aire a todo lo largo y ancho del territorio patrio.

Este pacto de Acuerdo Especial Humanitario suscrito en la Habana, parece más una leguleyada típica del accionar de astutos juristas litigantes. La idea es buscar atajos a las leyes para sacar provecho a través de argucias violadoras del ordenamiento jurídico.

CAPITULO XIII
LOS PELIGROS DE LA IMPUNIDAD

La comisión de la verdad y la reconciliación será necesaria para conocer los eventos del pasado. Aunque la presencia de la impunidad estará presente al permitir que los subversivos busquen la protección en la ley de amnistía que llegue a establecerse. La figura de la impunidad a la cual se enfrenta Colombia en esta época de su historia, tiene lugar cuando una persona que ha cometido un delito, no recibe la pena que le corresponde por sus actos. En esta forma, el culpable evade o escapa del castigo y, por lo tanto, las víctimas no reciben reparación alguna.

La impunidad se caracteriza por la frustración y el sentimiento de impotencia de las víctimas. Sin embargo, el daño que se causa es aún mayor cuando se tiene la sensación de que la justicia no operó y que el Estado no pudo, o no quiso evitar y eventualmente castigar, los delitos atroces. En Colombia cada día es más evidente el crecimiento de la impunidad en todo tipo de faltas. También, es evidente que los poderosos por más grave que sea los delitos que cometan pueden esquivar a la justicia y, cuando esto no se logra, buscar negociar sus penas por la vía de la corrupción. Es así como los fallos resultantes les permiten purgar sus irrisorias condenas a través de casa por cárcel, o en sitios especiales que se asemejan más a un resort. Es una burla a los ciudadanos que esperan la aplicación implacable de las condenas, aunque estas nunca se dan ni en la cantidad ni en el sitio de reclusión acorde con las faltas cometidas.

La impunidad y su cómplice la corrupción van de la mano. En Colombia la presencia de esta última es alarmante. Podría decirse que es el país de la impunidad. Se da en los 3 poderes del Estado y no aparece el castigo para los culpables. Una vez se trata de un ex alcalde que por medio de contratos con visos de ilegalidad derrocha los dineros públicos sin que pase nada; otra es la actuación de un magistrado que prevarica y continúa en su puesto incólume; en otra ocasión son congresistas que abusan de su cargo para enriquecerse con la figura del tráfico de influencias.

Pero, lo más doloroso, es observar que el propio presidente practica la corrupción sin miramientos:

-¿De qué otra manera podría llamarse repartir el dinero de los colombianos sin control, en busca de comprar conciencias para fines políticos?

La mermelada no es una invención arbitraria. Es un real dolo que el presidente comete a diario y sin ningún pudor. Los medios tratan este punible fenómeno en tono menor y hasta jocoso, sin percatarse de que se trata de un grave problema de gobernabilidad. Los datos recientes que publicó el diario El Espectador relacionados con un gasto de 1.680 millones de pesos para pagar el trabajo de unos supernumerarios por unos meses, muestran la ligereza de Santos en lo que tiene que ver con el dinero. Se trata de un episodio no solo triste, sino alarmante.

X X X

Ya entrando en la figura de la impunidad a que está expuesto el proceso de paz, conviene recordar que los principales miembros de la cúpula de las FARC tienen prontuarios alucinantes, veamos solo algunos: Iván Márquez a sus 61 años debe más de 300 años de prisión; Timochenko con 56 años tiene condenas por 164 años; Joaquín Gómez, a los 60 años debe 101 años y Pablo Catatumbo a sus 62 años debe 84 años de cárcel.

El prontuario del solo Iván Márquez es impresionante, tiene 28 condenas, 198 órdenes de captura y 66 medidas de aseguramiento. Debe responder por los crímenes de homicidio en concurso con terrorismo, homicidio agravado, secuestro extorsivo, hurto calificado agravado, reclutamiento ilícito de menores, tentativa de homicidio agravado, terrorismo, lesiones personales y rebelión. Es obvio, que un acuerdo dentro del proceso de paz que les borrara todas estas condenas, les será muy beneficioso a estos forajidos.

La paz tiene un costo. Esto es aceptable, nadie podría negarlo, sin embargo los principios de proporcionalidad y equidad no pueden soslayarse. Una pena que resulte claramente inadecuada a la luz de la gravedad del delito de la persona condenada, podría viciar todo el proceso. Sería un grave irrespeto a la dignidad del pueblo colombiano y a sus víctimas, que los guerrilleros recibieran penas irrisorias.

Con todo, el principio de reparación aparece muy comprometido y desdibujado dentro del marco de los puntos que se negocian en la Habana. Las FARC dueñas de un cinismo vergonzoso, ya manifestaron su insolvencia para reparar a las víctimas. Estos es, será la institucionalidad del país la que deba cumplir esta misión de reparación. La postura de los insurgentes no solo es reprochable en un grupo rico y poderoso, sino que, justifica plenamente, un mayor rigor por parte de los jueces que más adelante deberán recibir los testimonios de los forajidos. No puede premiarse a una organización criminal como son las FARC, a pasar una benévola pena en un centro vacacional y de contera pagado por los colombianos. Pero es mejor no hacerse muchas ilusiones, tal como están las cosas los forajidos se saldrán con la suya.

El compromiso de la guerrilla a decir la verdad, será una farsa más del proceso de paz. Las indagatorias de los jueces, estarán salpicadas con las mentiras traducidas en un rotundo rechazo de los maleantes a declararse culpables de narcotráfico, reclutamiento forzado, genocidio y de graves delitos sexuales, entre muchos otros. Todo esto a pesar de las investigaciones claras y contundentes que los incriminan. Aceptarán solo delitos de rebelión. Sin embargo, lo que resulta más delirante es que como está enfocado el acuerdo de paz, aun declarándose culpables de crímenes de guerra, de lesa humanidad y de genocidio, estos podrán considerarse como crímenes conexos con el delito de rebelión. Más impunidad es imposible de concebir.

El alto comisionado de la ONU en Colombia, Todd Howland, hizo una declaración que toca muy de cerca el proceso de paz colombiano, manifestó:

-"En el marco de los tratados de protección y defensa de los derechos humanos suscritos internacionalmente, es imposible indultar o dar amnistía a los victimarios de delitos de lesa humanidad".

Otra figura en entredicho es la no repetición. La situación de analfabetismo que cobija a la mayor parte de la tropa guerrillera es de graves características. Estos muchachos, cumplida o no su condena, regresarán a los sitios en donde podrán aplicar lo único que ellos saben hacer: matar. Con mayor razón cuando reciben salarios muy superiores a los que les ofrece el proceso de paz. Los mandos medios de las

FARC se resistirán a dejar el narcotráfico, uno de los mejores negocios del mundo moderno. Los más ingenuos e idealistas buscarán unirse a grupos políticos, pero, pronto, se desencantarán cuando constaten de primera mano, el estado de corrupción que se encuentra enquistado en esta práctica oprobiosa.

Muy pocos de los actuales dirigentes del grupo forajido ingresarán a la política. Ya están seniles y sus mejores años pasaron hace un buen tiempo. La mayoría viajará al exterior y visitarán esporádicamente al país. Precisamente el proceso de paz les permitirá recibir el salvoconducto que les facilitará sus incursiones en la nación. Esto es lo que en realidad buscan y desean. El monte para ellos es algo anacrónico y desgastante. Ahora podrán darse el placer de vivir una vida plena y sin limitaciones. Y, especialmente, si logran como todo parece indicar, haberle hecho esguinces a la justicia colombiana.

Pero, como arriba se dijo, de seguro habrá hijos y familiares de los guerrilleros que querrán hacer política a través del movimiento que funden las FARC. Para eso contarán con todos los dólares necesarios y un reducto chavista expectante que se niega a desaparecer. La posibilidad de que un partido de extrema izquierda llegue a la casa de Nariño es cada día más factible.

En lo que respecta a las víctimas, estas seguirán ahí. Seguramente, ya no agobiados por todos los verdugos de las FARC, sino por cualquiera de sus reductos y de los otros grupos que surgirán una vez se creen los espacios que dejarán las desmovilizaciones. Todo, gracias a la mente obsesiva de un presidente que un día despertó con el embeleco de ganar un premio Nobel a través de un acuerdo de paz con la guerrilla de las FARC sin importar su costo.

X X X

Algo de gran trascendencia para el futuro de los colombianos tiene que ver la idea de los territorios de paz, propuesta por las FARC. El alcance de esta desprevenida oferta encierra todo un planteamiento socio político de imprevisibles alcances. La idea parte de pagar las sanciones que surjan de los Tribunales de Paz que apliquen a los guerrilleros, no en una cárcel, sino en zonas especiales en donde ejercerán una constitucionalidad propia, paralela a la del Estado. Específicamente piden:

-"Que se reconozca su presencia en espacios en donde ellos han estado históricamente y tienen apoyo social".

Esto sería aceptar zonas intensivas en cultivos de coca y preferiblemente vecinas a las fronteras que son los sitios en los cuales los forajidos hacen presencia. Ahora, que tengan apoyo social es relativo. Si ellos creen que con la extorsión, los secuestros, el reclutamiento forzado y la voladura de vías y puentes logran el respaldo de la sociedad es porque el degrado de los valores humanos ha tocado fondo.

Otro de los puntos reza:

-"Que esos territorios deben ser espacios para que se materialice el cese de hostilidades, la dejación de armas, así como la reparación a las víctimas".

Resulta evidente que si el grupo de subversivos va a estar confinado a un área específica, las hostilidades cesarán. Lo que no queda claro es cómo van a reparar a las víctimas. Las FARC ya manifestaron su insolvencia, luego la reparación sería simbólica o matizada con discursos de rebelión. En lo referente a la dejación de las armas suena muy tardía esta operación. La guerrilla no debería entrar a un territorio de paz o zona de concentración sin antes hacer entrega formal de su armamento. Mientras más tiempo posea el grupo armado las armas, más difícil será que las entreguen.

El otro aspecto es el más alucinante:

-"Que en estos territorios puedan vivir tanto los excombatientes y sus familias, las víctimas, ex militares e incluso ex paramilitares…"

Música celestial para los oídos. Ojalá el mundo fuera así. Viene de inmediato la pregunta:

-¿Es esta una sanción proporcional a los crímenes atroces cometidos por las FARC?

Por supuesto que no. Esto parece un refugio no para victimarios, sino para vencedores. Es una burla no solo a las víctimas directas, sino al pueblo colombiano entero.

De los otros 2 puntos que contempla la guerrilla, en uno piden que los territorios de paz tengan protección constitucional, seguramente para que el Estado cubra todas las prestaciones sociales requeridas, y, el otro, habla del acompañamiento internacional y veeduría ciudadana. No incluyeron de dónde vendrá el sustento económico, seguramente saldrá de la generosidad del presidente Santos. Así los acostumbró con los gastos que el grupo guerrillero realiza en la Habana y de lo cual la opinión pública no sabe absolutamente nada.

CAPÍTULO XIV
LAS 3 ESTRATEGIAS PARA ACABAR CON EL CONFLICTO ARMADO

No se puede pecar de presuntuoso el creer que se tiene la receta para acabar de un tajo con una guerra de 50 años. Pero al menos hay que intentarlo. Si quienes han vivido bajo un sistema socio-político abrigado por una lucha armada absurda y demencial pusieran a consideración de sus conciudadanos ideas para frenar ese exterminio fratricida, el país ya hubiera superado este calvario.

Por lo tanto, para ser consecuentes con lo dicho, a continuación aparecen tres propuestas seguramente ya tratadas en círculos militares, gubernamentales y políticos, pero no por ello faltas de interés.

Tecnología Armamentista

Terence Taylor, amplio conocedor del tema de la guerra en una de sus publicaciones, The Military Balance dice:

"La tecnología y las armas pueden influir en el curso de un conflicto armado e incluso definirlo".

Esta aseveración lleva a pensar en que, a través de un armamento de última generación y adecuado a la guerra interna que vive el país, es posible desencantar al grueso de los guerrilleros que delinquen en cordilleras y selvas colombianas, y obligarlos a abandonar su estéril lucha.

En las guerras modernas cada día es menor el número de militares que participan directamente en las escaramuzas bélicas. La razón es el sofisticado armamento existente, fruto del desmedido avance tecnológico. Ya llegar hasta el sitio en donde se encuentra el enemigo, a la usanza del siglo pasado, es cada día menos común.

Los vehículos aéreos no tripulados, o drones, en sus inicios se diseñaron para el espionaje, luego pasaron a convertirse en armas letales tras el ataque terrorista a las torres gemelas el 11 de septiembre de 2002, en la ciudad de Nueva York. Consumen poco combustible, tienen una autonomía de 10 horas y alcanzan una altura máxima de 6.000 metros. Son ideales para zonas de difícil acceso, incluso túneles, grutas y chimeneas. Además, pueden mantenerse estáticos en un punto concreto y tomar fotografías y videos aéreos de gran calidad, con todo detalle y en alta definición. El monto actual de un dron artillado puede ser del orden de los 12 millones de dólares. Pero, en un corto lapso, el precio puede bajar sensiblemente.

El dron es uno de los aparatos bélicos que permite acceder a la zona enemiga, no solo para tomar fotografías y videos, sino, igualmente, para bombardearlo. Estos pájaros volantes hace un buen tiempo que empezaron a reemplazar a los aviones tripulados en los ejércitos. Se trata de artefactos metálicos que pueden llevar misiles y realizar un ataque sorpresivo en un sitio exacto sin generar ruido en su desplazamiento. Hasta donde se conoce, el ejército colombiano ha usado drones solo para labores de información. Estos aparatos son silentes en su viaje por el firmamento, se detienen en el punto programado y accionan sus instrumentos para grabar la información requerida.

Se trata además de un arma convencional que no viola los protocolos de guerra. Al fin y al cabo, no hay una clara diferencia entre ejecutar un bombardeo con un avión tradicional que con un dron. Por lo demás, podrían contribuir a preservar la vida de los pilotos colombianos, quienes dispondrían de más tiempo para dedicar al componente tecnológico de la guerra.

Si el gobierno y el ejército se decidieran a emplear drones artillados para los enfrentamientos con la guerrilla, de seguro que sería un factor disuasivo importante para que un buen número de subversivos se desmovilizara. No debe resultar muy tranquilizador para un forajido pensar que en cualquier instante puede recibir un ataque inesperado de parte de un pájaro aéreo artillado.

Los drones son solo un paso más, después de los bombarderos, en el desarrollo de tecnologías para acceder al campo de batalla lejano y representan la cara moderna en la travesía contra la lucha terrorista.

Los próximos serán soldados robotizados. El uso de drones se hace cada día más necesario. Para el conflicto colombiano sería un arma contundente, que podría frenar la insurgencia, y más justificada éticamente, que otros métodos de guerra disponibles.

La Droga

La otra herramienta para acabar la lucha armada es algo de que se viene hablando por décadas aunque con resultados infructuosos. Tiene que ver con la legalización de la droga. Esto es, con la eliminación del narcotráfico. La razón de ser de esta iniciativa parte de un principio democrático: el derecho fundamental de todo ser humano a decidir cómo quiere vivir su vida. Pero, para el caso colombiano, hay un argumento adicional, los miles de muertos y la violencia que genera el tráfico ilegal de estupefacientes. Cada gramo de pasta de coca que se consume en Estados Unidos, ha dejado en los montes de Colombia reclutamientos forzados, abusos sexuales, agresiones y desolación.

Es preciso aceptar que pese a los múltiples controles de los países y a las drásticas leyes que condenan el narcotráfico, este negocio sigue imperturbable su ascenso y el consumo crece sin parar. Bajo esta perspectiva y la tragedia que la droga crea en los países productores y consumidores, la decisión más sensata seria reglamentar su uso. Con esta acción se mata la corrupción política y policial propias de este negocio y, de paso, se reduce el número de muertes violentas provocadas por el tráfico ilícito.

-¿Por qué el alcohol y el tabaco siendo más dañinos que muchas de las drogas prohibidas, si son permitidos?

El gobierno a través de los conductos diplomáticos debe emprender una cruzada que abarque a los países implicados en esta lucha asimétrica contra el tráfico de alcaloides. Ya hay naciones que se han mostrado abiertas a encontrar una salida para uno de los más graves problemas que enfrenta el mundo moderno, y no descartan llegar a la legalización de la droga.

Colombia debe pasar de la retórica de la droga, a hechos concretos, para lo cual necesita convertir la lucha contra este flagelo en un propósito nacional. Podría pensarse primero, en la legalización regulada de las drogas, las cuales estarían disponibles bajo un sistema de control por parte de los gobiernos. El control implicaría vigilar el etiquetado de dosis y advertencia médica, restricciones a la publicidad, salvedades en cuanto a la edad, limitaciones de cantidad y otros aspectos que permitan hacer consciencia acerca de los peligros de ingerir el producto.

El país viene pagando un precio demasiado alto por su liderazgo en la siembra de la hoja de coca y en la producción de cocaína. Bastaría hacer un análisis sobre lo que significaría para la nación quitarle el sustento y la razón de su existencia a las FARC que hoy por hoy se enseñorean con el negocio de la cocaína. El paso lógico a seguir es establecer una cruzada cuya misión sea concientizar a los países del mundo que sufren las consecuencias del narcotráfico, a regular su uso y permitir el tráfico controlado de la droga. No basta con hacer declaraciones esporádicas en favor de la legalización de los alcaloides, solo un trabajo serio, bien coordinado y persuasivo, podrá liberar a Colombia del peor flagelo de su historia.

Milicianos y Reclutamiento

La tercera estrategia en procura de derrotar la insurgencia terrorista, es la reunión de una serie de actividades que en su conjunto, pueden significar la extinción no solo de las FARC, sino de todas las organizaciones terroristas. La clave radica en la aplicación de una correcta coordinación y, especialmente, en una voluntad política por parte del presidente de turno que apunte al logro de los objetivos.

- La primera actividad se refiere a la neutralización de los milicianos. Estos son alrededor de 10.000 individuos básicamente guerrilleros vestidos de civil, que dan apoyo logístico, jurídico y financiero a las FARC. Se trata de personajes encargados de funciones de contacto con entidades públicas y privadas, dirigidas a preservar y facilitar el accionar de los subversivos en el campo. Son quienes negocian la compra de armas, medicinas y víveres. Igualmente, la adquisición de uniformes, botas, brazaletes y demás dotaciones que requieren los guerrilleros. También, tienen a su cargo el manejo de los dineros de la agrupación; hacen contactos con entidades centroamericanas, en especial con Costa Rica y Panamá; invierten en el negocio del transporte y compran equipos y materiales en China para lavar dinero. Los integrantes de las FARC, a través de testaferros, guardan los dólares que les deja el negocio del terrorismo en naciones Caribeñas y en Bancos y entidades financieras de Europa Occidental.

Los milicianos son imprescindibles para la organización guerrillera, ya que sin ellos no podrían operar. Actúan como el sistema circulatorio de la insurgencia. Muchos de los atentados terroristas que llevan a cabo las FARC, como fue el caso del Club El Nogal, fueron planeados y ejecutados por milicianos bajo las instrucciones de comandantes de la guerrilla. Son también estas células de la insurgencia las que contratan médicos y especialistas en química. Con esto buscan atender las enfermedades propias de la tropa, recibir vacunas contra virus tropicales, y conseguir los precursores químicos para la preparación de los alcaloides.

La neutralización de los milicianos exige una paciente labor de espionaje, y sería ingenuo pensar que los organismos del Estado no están haciendo esta función. Pero la realidad es que los resultados han sido pobres. Es urgente tomar medidas de fondo para lo cual se precisa de voluntad política, aunque si nos atenemos a los resultados, es claro que esta ha sido muy débil.

- La segunda de estas actividades es la reducción del reclutamiento que adelantan las FARC en pueblos, veredas, escuelas y caseríos. Las dimensiones de esta oprobiosa práctica son inmensurables. Sin duda es una de las grandes tragedias que vive el conflicto armado y que afecta a los niños de manera alarmante. Las niñas son mancilladas en todo lo relativo a la sexualidad. Además, las someten a vejámenes por cosas insignificantes, como perder un brazalete, botar la gorra o decir una mentira. Los castigos en estos casos van desde sembrar grandes hectáreas de maíz o transportar pesadas cargas de leña, hasta cavar largos metros de trincheras.

Se requiere incentivar a las comunidades para que denuncien ante las autoridades estos hechos. De esta manera se podría conocer la real magnitud de este fenómeno que permite al grupo subversivo mantenerse vigente y continuar con su accionar criminal. Habrá casos en los cuales los padres de los pequeños ya fuera por miedo, o por la esperanza de recibir unos devaluados pesos de parte de sus hijos, accedan al reclutamiento. Pero, en la mayor parte de los casos, se trata de una agresiva demostración de fuerza con la que desmiembran humildes hogares y los confinan más en la miseria.

La única manera de frenar esta condenable práctica es ofrecer a los progenitores algo a cambio. Se precisa de un esfuerzo conjunto entre la Defensoría del Pueblo y las fuerzas militares, para diseñar programas y hacer presencia efectiva en esas zonas que colindan con los sitios por donde se mueve la guerrilla. Es esencial que el ejército haga mayor presencia territorial y que, a través de campañas pedagógicas, vaya acabando con el reclutamiento forzado. Se trata de una labor incentiva en trabajo, tenacidad y paciencia. Cualquier avance en esta disuasiva actividad, afectará a las FARC en el renglón más álgido para ellas, esto es, el pie de fuerza de la organización subversiva.

La mesa de negociaciones de la Habana informó el 15 de mayo de 2016 que las FARC dejarían de reclutar niños y que entregarían a los 21 menores de 15 años edad que están en sus filas. Bienvenida esta medida. Es un buen paso hacia la reconciliación. Pero no hay que pecar de optimistas. Esta práctica condenable de reclutamiento se frenará un tiempo por los lados de las FARC, pero no será definitiva. Más tarde se puede reiniciar el método. Mientras haya negocios tan rentables como la coca, la minería ilegal y la extorsión, los chicos estarán haciendo presencia en ese escabroso mundo del delito.

CAPÍTULO XV
CONCLUSIONES

Colombia pasa por una de las situaciones más críticas de su historia. La polarización es notoria y se ha incrustado en todos los estratos sociales afectando la convivencia ciudadana. El manejo dado al proceso de paz ha sido errático y desafortunado; el gobierno, a través del grupo negociador en la Habana, da la sensación de flaquear y otorgar demasiadas gabelas a las FARC. Este grupo subversivo no ha pagado con la misma moneda la generosidad recibida. El compromiso de entregar a los combatientes menores de 15 años es un paliativo que la guerrilla hace en señal de gratitud por la concesión que les dio Santos con el Acuerdo Especial Humanitario que los blinda jurídicamente por una eternidad. El gobierno por el contrario, indultó a 30 presos de la insurgencia, ha hecho un tácito cese al fuego y cumple con rigor la petición de los forajidos, más parecida a una orden perentoria, de atacar sin clemencia el paramilitarismo.

Algo preocupante es observar el afán desmedido de Santos por firmar un acuerdo de paz. Al fin y al cabo, pensará, la implementación de todo lo acordado en la Habana lo tendrán que enfrentar los futuros mandatarios. Aunque la verdad será muy diferente, dejará un país descuadernado, con un narcotráfico en ebullición, infestado de guerrilla y seriamente dividido.

La estrategia del presidente es clara, posicionar al actual vicepresidente Vargas Lleras, próximo candidato presidencial, para que reciba toda la ira de la oposición. De esta manera, él esquivará las virulentas críticas que con razón le dirigen repetidamente más del 70 por ciento de los colombianos. Santos no ha entendido que gobernar es algo más que nombrar supernumerarios frenéticamente, y repartir sin pudor potes de mermelada por todos los vericuetos políticos en procura de confiscar conciencias. Su figura es la que más polémica genera. Luce en algunas ocasiones irresoluto y demasiado imprudente en otras. Toma decisiones apresuradas, como cuando resolvió iniciar negociaciones públicas en el Ecuador con el ELN, a pesar del cúmulo de secuestrados que estos guardan, y la terquedad de los forajidos en seguir desangrado el país con la voladura de oleoductos.

Santos se percibe débil y carente de liderazgo; sin arraigo popular y distante de las reales necesidades de las regiones. Su obsesión por ganar el Nobel de la paz lo ha alejado de los asuntos más sentidos de un país ávido de obras en infraestructura, vivienda, educación y salud pero, sobre todo, de seguridad en todos sus grados y matices. Si el presidente desea enderezar el rumbo errático que lleva la nación, tendrá que dar un fuerte viraje, dejar de depender exclusivamente de las FARC y centrarse en los aconteceres nacionales que son numerosos, si no quiere que el país se le salga definitivamente de las manos. Pero, por más esfuerzos que haga en su quimera pacifista, Santos no va a ser recordado como el presidente de la paz, sino como el presidente de la mermelada.

FIN

SOBRE EL AUTOR

Humberto Fernández Faccini, es un ingeniero civil, de la Universidad Nacional, con cursos de postgrado en el Instituto Politécnico de Milán, Italia. Ex director del departamento de ingeniería de Ecopetrol, y ex director y profesor de postgrado de la Universidad Javeriana. Ganador del premio Diódoro Sánchez de la Sociedad Colombiana de Ingenieros, por la autoría del libro Ejecución de Proyectos. Autor de múltiples novelas y libros, entre los que se destacan: Los 7 Pecados Capitales del Chavismo; La Timidez en el Mundo de los Negocios; La Rabia en la Capital del Sol; Trump, Ramos y la Mexicana; Licitar para Ganar; Pobre Corazón Mío; Mensaje en el Metro de Nueva York; Gerencia de Proyectos Aplicada Paso a Paso y más de 10 libros sobre este último tema. En la actualidad está radicado en la ciudad de Miami desde donde practica su profesión de escritor.

Es de esperar que la Providencia de una mano a la Colombia de hoy y le permita salir de la presente encrucijada. El bajo nivel de vida y la inseguridad que

acecha a la población precisan de una ayuda divina
para superar la crisis en que se encuentra.

Correo electrónico: info@gerenciadeproyectos.com